VUCA《ブーカ》時代に挑む中小企業

まいど教授が注目する
16社の事例と提言

大西 正曹 著
関西大学名誉教授

同友館

はじめに

誰もが想像すらしなかった出来事が次々と現実のものとなっては崩壊し、さらに新たなトレンドが生まれていく現代社会。そのなかでも、私が注目したビジネス界におけるホットワードは「ＶＵＣＡ（ブーカ）」である。「ＶＵＣＡ」とは、Volatility（変動性）、Uncertainty（不確実性）、Complexity（複雑性）、Ambiguity（曖昧性）の頭文字をつなぎ合わせた造語で、これら４つの要因により、現在の社会経済環境がきわめて予測困難な状況に直面しているという時代認識を表す言葉である。２０１０年代に入って以降、世界の各所で「ＶＵＣＡの時代」が到来したといわれるようになった。そのなかにあって、本書はまさしく暗闇の大海に船出をするような日本の中小企業にとって、新たな指針を模索する本である。

これまでも世界情勢は見通しが良好とはいえず、ぼんやりと靄《もや》がかかった状態であった。しかし、今に至っては全方位をすっぽりと漆黒の闇に覆われているといっても過言ではないだろう。一方でグローバル化は着実に進行し、日本の企業も国境を越えた競争社会の荒波へ否応なしに投げ出されてしまっている。中小企業においては、大海に浮かぶ木の葉のごとく漂蕩するばかりである。

一次、二次、三次と裾野を広げる下請の中小企業は、その頂点にある親企業の注文に応じ、設備更新や増設についても、発注を前提として事業を継続してきた。なかには立派に自立し、あるいは自律した中小企業もある。ただし、そんな企業であっても常に特定の大企業との結びつきがあり、ニーズやシーズに応えるかたちで経営に関する戦略を組み立て、戦術を展開してきたのだ。

そうした図式が今、あまりにもやすやすと消え失せようとしている。親企業という言葉が示すように、子の成長を期待するべき大企業ですら生産拠点をコストの低い海外へ移すなど、これまで普遍的とされてきた産業構造が音を立てて崩壊しているのだ。

かろうじて残されたメイド・イン・ジャパンの威光ですら、たちまち吸い込まれて消えてしまう闇の中、中小企業はどのようにして進むべき航路を見いだしていけばいいのだろうか。

私は過去40年近くにわたり、あらゆる業界の中小企業を訪問してきた。「まいど！」の掛け声とともに、三日にあげず通い詰めて顔なじみになった中小企業経営者も多く、いつしか〝まいど教授〟のニックネームで呼ばれるようになっていたのである。これまでに訪れた企業は、とても数えきれない。

研究対象は東大阪ならびにその近辺からスタートしたが、大学の研究員として、また中小企業事業団（現・中小企業基盤整備機構）の産業集積地研究班員として、そしてテレビ番組のレポーターやコメンテーターとしても活動するうちに、その他地域を訪ねる機会も増えていった。さらに、共同通信社の政経懇話会のメンバーとして各地で講話を行い、その度に、地域産業の状況を視察してきた。また、大阪シティ信用金庫顧問として多くの次世代中小企業経営者育成事業にも関わってきた。

本書では、私自身が実際にこの足で現地へ赴き、この眼で現場を見て、この耳で経営者の声を聴いたからこそ知り得た知見を披露しようと思う。それはＶＵＣＡ時代の激流に翻弄される中小企業の経営者が、新たな世界にふさわしいビジョンを描き、目標に向かって安全かつ確実に進むための海図でもある。本書をもとに、経営者が向かうべき針路を明らかにすることができれば、これに勝る喜びはない。

海図なき新たな世界をブルーオーシャンと捉え、まだ見ぬ豊かな漁場へ、そして黄金郷へと舵を取るための羅針盤として、本書を有効に利用していただくことを切に願う。

大西　正曹

2020年（令和2年）12月

目次

序章

VUCA《ブーカ》時代に針路を示す

〜事業スキームと3つの行動指針〜

中小企業の現場を歩いて、見て、聴いた研究人生の集大成

本書では、私自身が実際にこの足で現地へ赴き、この眼で現場を見て、この耳で経営者の声を聴いた中小企業のなかでも、最も印象的だった合計16社（コラム2社含む）を厳選して紹介する。時代遅れと揶揄され、あるいは天変地異に見舞われ、また流通革命の波に乗り遅れた中小企業が、見事に復活を遂げるまでに歩んだ軌跡。それは時代のトレンドという激流に翻弄される中小企業の経営者が、新たな世界にふさわしいビジョンを描き、目標に向かって邁進するための手本である。

ただし、「それら企業のケーススタディをそのまま活用せよ」というのは、いささか無理がある。そこで私は中小企業の進むべき針路を示すヒントとして、以下の事業スキームと3つの行動指針を編み出した。これらは「ＶＵＣＡ《ブーカ》時代に針路を示すコンパス」といえるだろう。

ＶＵＣＡ時代に針路を示す事業スキームと行動指針

〈事業スキーム〉

・「モノ主義」と「コト主義」／「差」と「違い」

〈行動指針〉

・地財の見直し
・消費者の立場からのアプローチ
・産地間ネットワークシステムの活性化

本書では私が注目する16企業について、事業スキームと行動指針をどのように活用したか。あるいは結果として、どのコンパスをなぞるように進んできたかをつまびらかにしていく。これにより、海図なき世界に旅立つ中小企業の経営者が進むべき針路を明らかにすることができれば、これに勝る喜びはない。

まずは事業スキームについて、その真意を解説しよう。

〈事業スキーム〉

「モノ主義」と「コト主義」／「差」と「違い」

守：従来の事業スタイルを堅持して経営を守る
攻：培ってきたノウハウをバネに、異分野・新領域の開拓に挑む
力：多彩な用途に対応できるようアレンジして魅力を向上させる
技：独自の技術を研究開発し、市場に新たな価値として提案する

（注）図表はあくまで「モノづくり」をみている。しかし情報・サービス業などの視点からも同じことがいえる。用途を工夫して市場を開拓した事例もある。

「モノ主義」と「コト主義」。そして、「差」と「違い」。いずれも事業活動における構成要素を表している。

まず、「モノ主義」と「コト主義」について。このワードを用いた理論としては、多くの研究者が「これからの時代はモノからコトへ移行するべきである」と述べている。従来

守　　　　　　　　　　力

	モノ主義	コト主義
差	Ⓐこれまでどおり従来品の品質・価格・納期を追求したモノづくり	Ⓑ新たに従来品の用途を工夫・拡張したモノづくり
違い	Ⓒ従来品とは異なる工法・素材によるモノづくり	Ⓓ従来品の用途を工夫・拡張し異なる工法・素材を追求したモノづくり

技　　　　　　　　　　攻

の常識だった「どんなモノをつくるか」といった視点を、モノづくりで培ったコンテンツを「どんなコトに使えるか」といった方向から見直すものである。これについては私自身も同じ意見であり、ずいぶん前からあちこちで声高に唱えている。過去の文献を紐解けば、先駆的な立場であったことが見てとれるはずだ。

たとえば1979年、日本を代表する先進企業が生み出したポータブルオーディオプレイヤーの場合、音楽を聴く機械（モノ）ではなく、音楽を好きな場所で聴く楽しみ（コト）をセールスポイントとしたように。また、米国シアトル発のコーヒーのチェーン店が、コーヒーという飲み物（モノ）ではなく、そこにいる喜び（コト）を魅力として打ち出したように。世の中は今、モノ・デザインからコト・デザインへと大きな変動を遂げている。消費者がどんなモノを求めているかではなく、どんなコトを望んでいるかを意識した開発が望まれているのだ。

ただし、国境や世代のボーダーラインが消え、価値感が多様化した現代に至っては、モノからコトへの転換が、中小企業にとって必ずしも経営戦略上の正解とは言えなくなっていると感じている。

自社の扱うモノに関して確固たる自信や誇りがあり、市場に類似する製品やサービスが見当たらない場合、あえてコトに転換せず、モノを追求し続けることにこそ活路を見いだすことができるのではないだろうか。小手先の変化でターゲットの拡大を狙うのではなく、あえて変化させないことで古くからの固定客に愛され、支えられ続けているケースは決して少なくない。

超がつくほどの老舗に多いのは、昔から変わらないように装いながら、その実態は、新たな視点で新たな市場を模索している企業である。京都の伝統的な漬物屋は、絶えず時代の志向に合わせて用途、味を変えてきている。また、ある酒造メーカーは、伝統的な製法を重視した「守」の姿勢に徹していると印象づける、このこと自体が巧みな戦略なのだ。熱心なファン（固定客）をつかみながら、海外の愛飲家（新規客）の評価までも勝ち取っている。自分の守備範囲を決め、「守」、「力」、「技」を交えながら「攻」を目指すことが必要だ。

「差」と「違い」についても同様だ。私は以前から、「差」から「違い」への転換が重要だと考えてきた。「差」は、同業他社と同じ土俵で戦う場合の価格、品質、納期での差を意味している。同業他社と同じ土俵で戦っていると、その差は小さくなり続け、多くの場合が過当競争に巻き込まれてしまう。

「違い」は、ライバル企業とはやり方や視点を変え、異なる製品やサービスの使い方、あるいは市場を見いだすことを指している。それが過酷な生存競争を生き抜く道である。競争相手の多い世界でナンバーワンを狙わず、競争相手のいない世界でオンリーワンになる道を探す。この発想が大切であることは言うまでもない。

しかし、どの企業にも当てはまるわけではない。大胆な流通革命や徹底的なコスト削減により、価格の差で生き延び続けている企業も間違いなく存在するのだ。

ほとんどの場合、モノ主義からコト主義へ、差から違いへと転換するのが正解であるが、必ずしもそうとは言いきれない。「守」は生き残るには厳しいが、「攻」がベストというわけではない。また「力」、「技」で生き残ることもできる。戦略なしに「攻」に邁進した結果、廃業したケースもある。彼を知り、己を知れば、百戦殆（危）うからず。言わずと知れた、孫氏の名言である。自社を知り、ライバルを知り、市場を知って、臨機応変に適応すれば百年危うからず。これこそが40年近く、中小企業を見つめ続けてきた私がたどり着いた答えである。

未来を拓く道筋探しは、現在の立ち位置を見つめることから

これからの経営計画を考えるにあたり、歯切れのいいセリフやシンプルな答えに光明を見いだして安心したい経営者には期待外れかもしれない。しかし、今こそあえて立ち止まり、自社の現状をしっかり見つめ直してほしい。自社が現在、どのような位置にいるかについて、図表に印をつけるなどして〝見える化〟するのもよいだろう。

本書では、自社が事業スキームのモノ主義とコト主義／差と違いを用いて、行動指針の地財の見直し、消費者の立場からのアプローチ、産地間ネットワークシステムの活性化と関連させせよと説いている。「守」、「攻」、「力」、「技」は、実体経済の構成要素と同様に、それぞれが独立していながら複雑に絡み合っており、どれを目玉に据えるかを軽率に決めてはならない。以下を熟読のうえ、慎重に決めることを強く勧める。

4つのマトリックスを通して見えてくる企業の本質

チャート上での経営戦略づくりにおいて、最もチャレンジングなケース。それは、「モノ主義」から「コト主義」へ／「差」から「違い」への転換を並行して推し進め、「力」と「技」を養いながら、「守」から「攻」への姿勢で挑むケースが考えられる。

本書で紹介する「福田織物」（148ページ参照）、「佐藤繊維」（151ページ参照）は、いずれもこのケースに近いと考えられる。これまで扱ってきたモノに縛られず、自社が培ってきたノウハウが、また自社の属する産地（産業集積地）がどんなコトを可能にするのか、その中身を知ることによって、「ファジーなモノづくりのメッカ」であることに気づき、行動に移して成功したのである。

さらに「ポリユニオン工業」（188ページ参照）は、インフラメンテナンスの画期的な方法を編み出すことでオンリーワン企業の存在感を示している。従来からある手法の精度を高めたり価格を下げたりといった小手先の「差」ではなく、新たな着眼点から生み出す圧倒的な「違い」を持つ手法と製品を開発。これにより「攻めの経営」を実現しているのだ。

また「ヤエガキ酒造」（121ページ参照）においては、長谷川雄三会長自身が戦略的にⒶからⒹへ（「守」から「攻」へ）シフトしてきたと述べられた。前述した最もチャレンジングなケースに当たるわけだが、長谷川会長は企業規模に関して「大きくなりたくない」とも述べている。この発言の真意についても本編に記しているのだが、「モノ主義」と「コト主義」／「差」と「違い」のチャートでは括り切れないケースがあることも浮き彫りにしている。

では次に、事業スキームのチャートを補完し、自社の現在と未来を読み解くヒントとなる3つの行動指針について解説する。

〈行動指針1〉　地財の見直し

「地財」とは私、大西が20年前から提唱している造語である。特定の地域産業や業界、あるいは企業に眠っている技術やノウハウ、人材、ネットワークなどを指している。

ここでいう地財の見直しとは、中小企業が備えている潜在的なスキルを掘り起こし、自社の新たな事業活動に活かすだけでなく、社会・経済的課題解決のために役立てようというものだ。繊維産業をはじめ農業、水産業、石炭などの業界で成功例があり、地域再生に結びついたケースもある。

いま盛んにSDGsが謳われているが、その目的とする「持続可能な世界」とは、地球環境の保全と利用のバランス、自然の共存が実現できた世界とされている。こうした理想の実現に向けて貢献しているのが、航海中の船の機関室から出る水と油を分けることで海洋汚染を防ぐ油水分離器だ。本書で取り上げた「兵神機械工業」（70ページ参照）は、油水分離器について真っ先に乗り出したエコカンパニー。しかも船舶分野の知見と開発技術を応用して、乗組員の健康のための水耕野菜栽培事業にも先駆的に取り組み、見事に成功を収めている。自社が現時点で所有している技術というモノ（地財）を対環境に特化して、この先どんなコトに使えるかを丹念に見つめてきた成果である。

なお、地財の見直しを行ううえでは、取引先各社からの評価を受けることが肝心である。長年の付き合いのある得意先が、あるいは最近ライバル社から乗り換えた取引先企業が、なぜ自社との取引関係を結んでいるのか。第三者の目からしか見えない魅力としての地財の発見につながるかもしれない。

〈行動指針2〉　消費者の立場からのアプローチ

モノが売れない時代といわれて久しい今、あらゆる企業がさまざまな製品やサービスに対して、何度となく「消費者の立場からの見直し」に取り組んでいる。いささか手垢のついた感の拭えない取組みが、近年あらためて注目を集めているのだ。

消費者の立場に立つこと。すなわち、良いモノをつくろうとすること。この考え方は間違いではないが、唯一の正解でもないことを理解しておきたい。

「良いモノは必ず売れる」といったグッズ・ドミナント・ロジック（Goods-Dominant Logic：GDL）は、すでに時代遅れである。いまや多くの企業が「製品を通じてサービスを提供する」サービス・ドミナント・ロジック（Service-Dominant Logic：SDL）へとシフトしているからだ。モノからコト。その延長線上にある製品の使い手、消費者の視点から「どうあるべきか」を見つめることも重要なのだ。

ここで注目したいキーワードに、サービタイゼーションがある。これまでモノを製造・販売してきた製造業のあり方を、コトを売る業態へと転換させることであり、前述したモノ・デザインからコト・デザインにも通じている。本書に紹介した16社のすべてがサービタイゼーションを活かしているといえるだろう。

「ミズノハードテック」（179ページ参照）では、予測不能な時代にありながら、自社の立ち位置を見極めて、どう針路を切ればいいかを慎重に判断。お客様はどんなコトを望んでいるかを考え、高品質なモノはもちろん、究極のクイックレスポンスというコトを提供した成功例である。

「バーテック」（107ページ参照）は、人々の暮らしに身近なブラシを扱う企業である。掃除に使う掃除ブラシなど使用用途は限られ、またどれをとっても機能に大差なく、単価は安くて当たり前と思われがちだ。しかし、ブラシも見方によっては、企業の躍進につながるたいへんな価値がある。同社は消費者が困っていることをブラシによるソリューションで、つまりどんなブラシをどう使うかを提案することでビジネスチャンスを広げてきた企業だ。

各種操船システムを扱う「マロール」(88ページ参照)では、漁船で困っていること、クルーザーで困っていることは何だろうかと考え、「モノ」から「コト」へ、「差」から「違い」への移行を実践し続けている。その結果、同社はオーバークオリティともいえるほどの突出した耐久性を誇る操舵装置などを開発し、多大な信頼を勝ち取ってきた。阪神・淡路大震災によって倒産の危機に直面した時、世界に冠たる大手船舶関連メーカーから「御社の製品でないとダメだ」との引き合いがあり、強力な支援を得ることによって復活した。決して自社の満足ではなく、お客様の立場で良いものづくりを追求してきたからこそ、いざという時にお客様から支えてもらうことができたのだ。

〈行動指針3〉 産地間ネットワークシステムの活性化

日本には現在、北から南まで約500ヵ所の産地が点在している。気候風土や天然資源、歴史文化、交通条件によって育まれた産業は地域性が強く、それぞれが独立して発展を遂げてきた。

コラボレーションを行う場合も、生産品の親和性を重視した組み合わせがほとんどを占めていた。これにもプラスの効果が期待できる。しかし、しょせんは足し算の原理であり、革命的な新製品の誕生は期待できないのではないだろうか。

私が提唱するのは、異質な性格を備えた産地間ネットワークの活動促進である。意外な製品どうしの掛け算が、予想のつかない化学変化をもたらし、これまでにない発明につながるものと期待する。本書では、掛け算による産地間連携で世界のオンリーワン製品「光透けるストール（極細の綿糸ストール）」を生みだしている企業としても、前述の福田織物を紹介している。

産地間ネットワークシステムは、同業種間だけのものではない。むしろ異なる業種とのコラボレーションが重要だ。たとえば、繊維と金属、繊維と陶器など、多様な組み合わせが可能であり、そうして生み出された新しい製品やサービスは、新たなメイドインジャパンとして世界をあっと言わせることができるはずだ。いずれの産地も１００年、２００年を超える歴史があり、豊富なノウハウを組み合わせることによって、可能性は無限に広がっていくのである。

ここで課題となるのが、産地間を取り持つコーディネーターの不在である。仲介役を務める人材を育てるには、フレッシュな感性と柔軟な発想を持つ若者がふさわしい。現在、産地間コーディネーターを育もうとしている各種行政機関や大学が散見される。

まだ見ぬ漁場へ、黄金郷へ舵を取るために

ここで紹介した事業スキームと行動指針（計4つのコンパス）は、じつは私自身が編み出したものではない。実在する中小企業経営者ならびに従業員が実際に挑戦し、確かな成果を上げたエッセンスを、彼らに代わってまとめたものである。事業を立て直し、未来戦略を描く処方箋ともいえるだろう。これを着実に実践していくことで、業界や規模を問わず、どの中小企業も必ずよみがえることができると確信している。

このコンパスによって、これまで見えてこなかった貴社の強みや弱み、今後の課題や展望なども見えてくるだろう。

写真提供：㈱excellent（エクセラント）

1 大潟村あきたこまち生産者協会

涌井徹会長（左）と著者

本社：
〒010-0492　秋田県南秋田郡大潟村字西4丁目88番地

TEL：0185-45-2851（代表）　**FAX**：0185-45-2380

URL：https://akitakomachi.co.jp/

創業：1987年（昭和62年）10月

設立：1988年（昭和63年）2月

資本金：9,060万円

事業内容：
■お米の生産、加工、販売（白米、発芽玄米、加工米飯、栄養機能食品、機能性表示食品、食物アレルギー特定原材料等27品目と貝類不使用の非常食、甘酒）
■レトルト食品、ピューレ加工、パスタ、パスタソース、カレー、シチュー、ミックス粉など
■グルテンフリー食品の製造、販売

代表取締役会長：涌井　徹

代表取締役社長：涌井　信

認証規格：
ISO22000、ISO14001、GFCO、コーシャ、Non-GMO、SGS

農業維新の実現へ粉骨砕身、泥にまみれてこそ輝く人生

憧れだった大規模農業の厳しい現実

新潟県十日町市の農家に長男として生まれ、早くから大規模農業に憧れていたという涌井徹会長。秋田県大潟村で10ヘクタールの耕作地を配分すると知り、1970年に第4次入植として家族とともに移り住む。当時21歳だった涌井氏にとって、それまで1・3ヘクタールに過ぎなかった田んぼが7～8倍になるビッグチャンスに胸を躍らせたのは当然だろう。

しかし、現実は甘くなかった。琵琶湖に次ぐ広さの八郎潟を干拓して生まれた大潟村は、どこもかしこもヘドロのような土壌のため悪戦苦闘の日々。それでも念願だった広い田んぼで米づくりに闘志を燃やしていたが、さらなる悲運が涌井氏を襲う。入植の翌年に始まった減反政策だ。政府によるコメの需給と価格の調整、流通の規制、そこに消費者の米離れが追い打ちをかける。農地は15ヘクタールに拡張されたものの、米作と畑作が半分ずつとの条件付きだ。仕方なく麦やキャベツなどの生産にチャレンジするが、土壌が適し

ておらず、実際には米しか作ることができなかった。そこで涌井氏は仲間とともに減反政策に逆らって、あらためて米づくりに専念したという。

その後、秋田地方裁判所に農地調停を起こすと「農家が自分の土地で米を作ってはいけない」という法律が存在しないことが判明。各農家が15ヘクタール全体を使っての作付けを開始したのだ。ところが、肝心の米の買い取りを集荷業者から拒否されてしまう。やむを得ず電話帳で調べた全国の米穀店に直販すると、今度は「ヤミ米」といわれて犯罪者同様の扱いに。そんな時でも涌井氏は消費者への直接販売ルートの確立をあきらめなかった。ここまでの苦い経験から、この手法以外に農家の自立はあり得ないと考えたからだ。

生産者の顔が見える米を消費者に直接販売

1987年、消費者への直接販売を目的に、意欲ある米の生産者が集まって、大潟村あきたこまち生産者協会を創業。その中心人物であり、代表となったのが涌井氏である。農協よりも高い値段で契約農家から米を買い取り、自社工場で精米加工したコメの直接販売を試みる。一般消費者向けに折り込み広告を配布し、生産者の顔が見える米を紹介するなど産地直送ならではの魅力を訴求。こうして涌井氏の率いる大潟村あきたこまち生産者協会は、日本で初めて米を消費者に直接売るシステムを確立したのだ。新品種「あきたこまち」の評判も上々で、クチコミなどによって販売ルートは着実に増えていった。

一方で、これまで米の流通を一手に担ってきた農協や行政機関などから非難が噴出。これまでにもあったヤミ米と罵る声も高まるばかりだった。そんな流れに変化の兆しが見えたのは1988年、秋田地検が下したある判断だという。ヤミ米を販売したとして食糧管理法違反容疑で書類送検された3名が不起訴処分になったのだ。長かった国との闘争にピリオドが打たれた形となった。やがて1995年には、それまで農家の活動を制限してきた食糧管理法が、食糧法との入れ替わりで廃止される。米の生産と流通が大幅に自由化され、ヤミ米は晴れて公に認められることになる。

「これまで以上に胸を張って商売ができる喜びが込み上げてきただけでなく、今まで支えてくれた仲間たち、ヤミ米といわれる中で購入し続けてくれたお客様に対して、心の底からありがとうという気持ちでいっぱいになりました」と涌井氏は語る。

無洗米から米粉食品まで、米の可能性を探求

涌井氏の挑戦はこれで終わらなかった。いや、ここからがアイデアマンとしての真骨頂

と言えるのかもしれない。米の魅力をさらに高めるために、付加価値向上に本腰を入れ始めたのだ。

同年、米ぬかを有機肥料に加工する工場と残留農薬分析システムを導入し、これまで以上に安全で美味しい米を生産・配送可能なシステムを構築。1997年には無添加のハムや地ビール、製菓・製パン工場を設置し、観光客向けのレストランを併設する。しかも、小中学生の研修用に手造り体験工房も提供したのである。2000年には、世に先駆けて無洗米の設備を導入し、無洗米の発売を開始。これには自身の母親がリウマチで「米を研ぐと指先が痛い」というのを目の当たりにしてきた経験からだという。高額な先行投資や生産過程が増える無洗米をあえて通常米と同じ価格で販売し、不都合があった場合は返品可能としたことからも誠実な人柄が伺える。また同年には、ISO14001（環境マネジメントシステム認証）を取得している。

さまざまな視点から米の持つ特性を見つめる涌井氏は、その後も積極果敢に米の持つ可能性を探求し続ける。発芽玄米の栄養価に着目すると、2003年、発芽玄米工場を建設し、ミネラルやビタミンの分析測定機導入に着手。2005年には白米や玄米、胚芽米、発芽玄米に栄養価をプラスするなどの栄養機能食品を開発する。

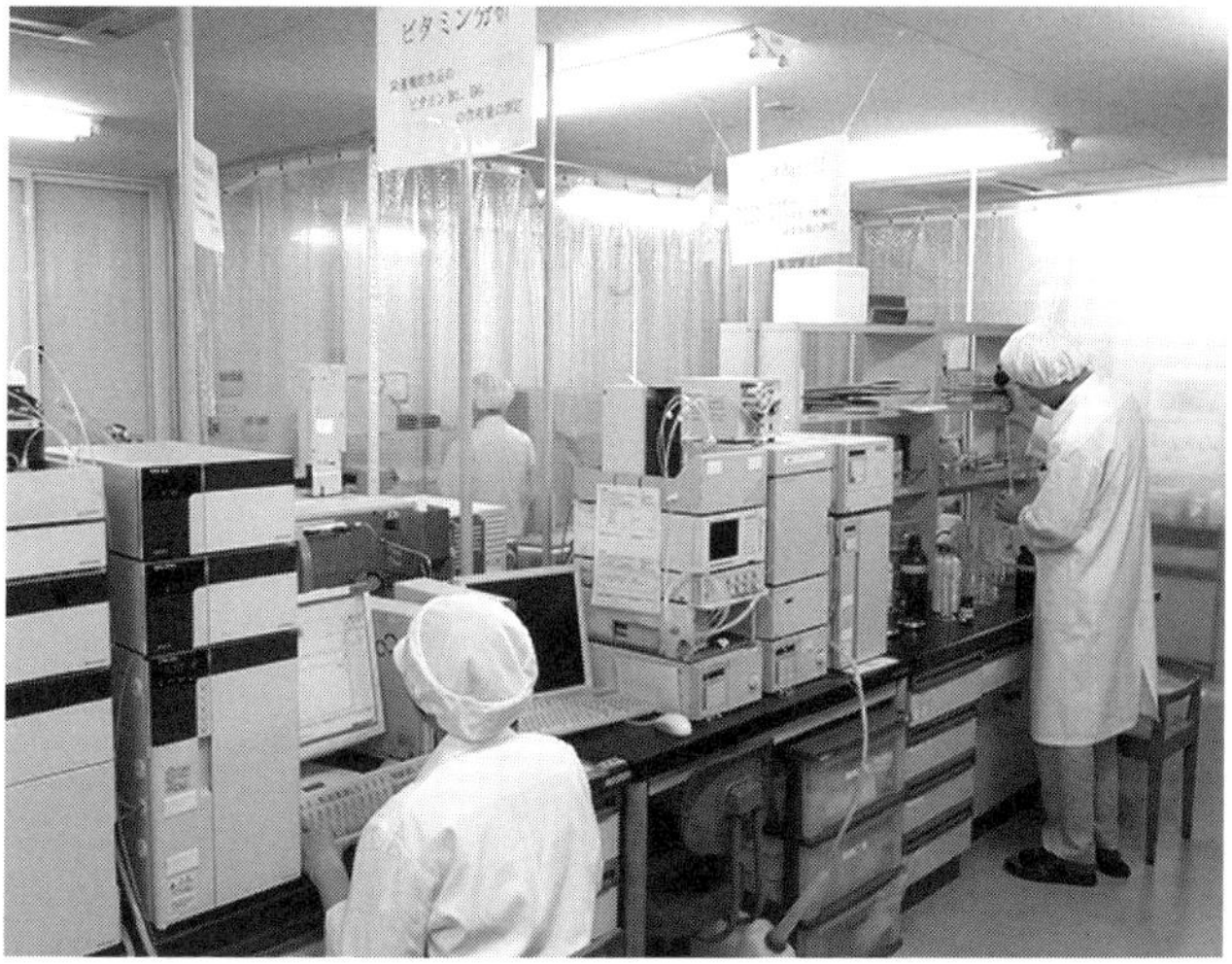

品質管理室

「米粉用の米を作る場合、減反とみなす」といった新規需要米制度ができると、2009年に製麺工場を建設。その2年後に米粉専用の製粉工場を新設すると米麺、冷凍麺、冷凍ゆで麺、発芽玄米麺など、たちまちバラエティー豊かなラインアップをつくりあげる。しかも工場内に食物アレルギー特定原材料など27品目を持ち込まないことを徹底し、からだにやさしい食物アレルギー対応商品として売り出すことを可能としたのだ。

なんとか米の付加価値を向上させたい。それにより安心して農家を続けられる環境を作りたい。そんな思いが詰まった米粉製品だが、麺やパスタとしての味や利便性では、小麦製品に勝ることは難しかった。品質面で改良に改良を重ねたが、期待した成果は出ず、気づけば10年の歳月が過ぎていたという。

周囲の人たちは、声にこそ出さなかったものの「さすがの涌井さんも、今度ばかりはどうしようもない」と思っていたのではないだろうか。

美容、健康、アレルギー対応のグルテンフリー食品

不遇が続く米粉食品であったが、突破口のヒントは不意に訪れた。それは飲食店で偶然耳にした言葉、「グルテンフリー」である。ある世界的なアスリートが活躍できるようになったのは、小麦に含まれるグルテンを避ける食事に変えたから、といった内容だった。

グルテン（gluten）とは、麦類等に含まれる成分で、グルテニンとグリアジンという2種類のタンパク質が絡み合ってできたもの。これらが生み出すもちもち食感がパンや麺類の美味しさにつながっている。しかし、美容や健康への意識が高い欧米では、早くからグルテンの摂取を控えたほうがよいといわれてきたという。

詳しく調べてみると、グルテンの引き起こす健康障害は想像よりも大きく、アメリカではグルテン障害といった社会問題にまで発展している。その点、大潟村あきたこまち生産

グルテンフリーパスタの製造工場

者協会の扱う米粉食品は、まごうことなきグルテンフリー製品である。ビジネスチャンスを直感した涌井氏は、同社製品の販促資料などに記載されている「米粉」を「グルテンフリー」に書き換えを実施。展示会などを通して、市場にアピールしていった。

当時、国内においてグルテンフリーの認知度は低く、手応えを感じられるまで数か月かかったものの、徐々に問い合わせや相談件数が増えていったという。そんななか、グルテンフリー食品がビジネスの柱になることを実感したのは、グルテンフリー先進国、アメリカでの出来事だった。

「あれは2017年のこと、『米とグルテ

ンフリー』をテーマにハーバード大学の大学院ビジネススクールで講義を行いました。すると受講生として参加していた世界各国の経営幹部から質問攻めにあうなど、予想以上の大きな反響があったんです」

帰国後、涌井氏はさっそくラインアップの強化を実施。米粉を利用したマカロニやペンネ、小麦粉の代用に米のピューレでとろみをつけたパスタソースやカレーなど、海外市場を意識した加工を施したのだ。味や食感、利便性も向上させ、ついには国内外を問わず、美味しさや便利さでも勝負できるまでになったと話す。約30商品のグルテンフリー食品が完成し、流通ネットワークに乗せたところ、驚くほど大きな反響を獲得。取扱店舗は加速度的に増え続け、わずか数ヵ月後には4000店舗以上にも上ったという。

食物アレルギー対応商品としての存在感も増している。東日本大震災の一年後、非常食としての可能性を探るために現地調査を行ったところ、避難所を訪れた人々の中にもアレルギーのある方もおり、食べられるものがほとんどなく、たいへん困ったとのこと。これを受けて涌井氏は、同協会が作る非常食はすべて食物アレルギー対応食品にしたという。

美容、健康、アレルギー対応の魅力を備えたグルテンフリー食品は、海外市場でも引く手あまたの大人気で、今後は「日本の安全で美味しい米」そのものの輸出も期待できそうだという。

現在では、秋田県が独自に開発した「あめこうじ」を用いた甘酒も展開中だ。「砂糖不使用でも甘い甘酒は、日本酒に続く輸出商品になると見込んでいます。また、甘酒づくりの研究開発過程で得た知識とノウハウを利用して、こうじを活用した食品も手掛ける予定。機能の高い食品として、介護の現場でも役に立てるのではないかと考え、近いうちに本格的に参入する構えです」と鼻息が荒い。

誰もが手を引く時、私が手を出す時

涌井氏が家族とともに入植して50年、大潟村には大きな変化が訪れた。これまで多くの入植者を悩ませてきた減反政策が廃止されたのだ。これを機に農家が増反に転じるかと思いきや、現実問題としてはそれほど簡単ではない。長期にわたって耕作を放棄されてきた土地は、雑草や雑木が生い茂る荒れ地と化しているのだ。しかも収入の低さや後継者不足など、さまざまな理由により、農家をやめる者が後を絶たない。こうした流れに逆らうように県農業公社から不利用地を借り受け、開墾に取り組む男性が一人。言わずと知れた、涌井氏である。

「誰もが手を引く時期こそ、本物のチャンスなんです。農地価格が下がることで、土地を集約しやすくなる。また、畑仕事を効率よく行うには、その土地は大きければ大きいほどいい。ツギハギの土地にはできない、一気呵成の耕作が可能だからです。極論をいえば、農地は価格がゼロになって、初めて農地としての価値が生まれるんです」

持論を展開する涌井氏が手にした土地は、なんと20ヘクタール。東京ドーム4個分以上に匹敵する広さである。見渡す限り広がる荒野に植え付けを狙うのは、米ではなく、秋田県で販売額の多いスイカやキュウリ、トマトでもない。それまで地元農家からは見向きもされなかったタマネギである。

タマネギは、外食産業から家庭用まで需要が高く、これまで大潟村で作ってきたメロンやカボチャと違って多くの作業を機械化できる。さらに、タマネギだけをつくれば連作障害を引き起こしかねないが、秋田県の気候風土であれば稲作との連作が可能となる。しかも、北海道や淡路島など他の生産地の端境期に当たる夏季に出荷可能という利点もあるというのだ。

タマネギ栽培のプロジェクトは、涌井氏が社長を務める大潟村あきたこまち生産者協会と三井住友銀行、秋田銀行、ＮＥＣキャピタルソリューションなど金融機関が設立した農地所有適格法人「みらい共創ファーム秋田」によって提案された。しかし現場で指揮を執るのは、半世紀にわたって大潟村農業に奮闘し、酸いも甘いも噛み分けてきた涌井氏であり、自らも日夜泥にまみれて奮闘し続けている。

現在、大潟村あきたこまち生産者協会の顧客は、全国に広がった個人会員5万人と７２００社の法人で構成されている。法人は外食チェーンやホテル、大学病院、スーパーなどの業種に広がっている。生産者の顔が見える産地直送のあきたこまち、アレルギーのある方から美容に気を遣う方やアスリートへと裾野の広がるグルテンフリー食品、そして今、秋田の新しい名産としてのタマネギも徐々に人々の食卓を賑わせている。涌井氏の原点である大規模農業の夢は見事に実現し、さらにスケールの大きい大規模食品事業を手掛ける形で開花している。

まいど教授のクローズアップ！

拙著『よみがえる地財産業』での取材から10年あまり、久方ぶりに訪れた私の前に現れたのは、あの日と変わらぬ無邪気な笑顔であった。懐かしい応接室で思い出話に花が咲

20haのタマネギ栽培を望む

く、かと思えばさにあらず、今まさに夢中で取り組んでいること、すなわち「タマネギ栽培」についての熱弁が止まらない。広大な土地に話が及ぶと、百聞は一見に如かずとばかり、現地を案内するという。

環境にやさしいハイブリッドカーに乗り込んだ涌井氏は、自らハンドルを握って案内してくれた。時間にして20分ほどだろうか。かろうじて道と畑の区分けはできているものの、あまりのデコボコ道に内臓が飛び出しそうになる。その間も涌井氏は、淀みなく話し続けるから大したものだ。一分一秒を大切にしてきた、涌井氏の生き様が伝わってきた。

ようやくたどり着いたのは、タマネギ畑とはとても呼べない荒寥とした原野であった。車窓から眺める風景は数分前から同様の有様だったが、じつはタマネギ畑にしようとしている場所を横切るように走ってきたという。それほど広大で、しかも荒れ放題の土地をタマネギ畑へ開墾する。考えただけで気が遠くなる作業であるが、涌井氏は自らブルドーザーを運転し、暗渠排水工事をしてきたという。

トラクターを走らせている時、死角になっていた溝に突っ込んで頭部を強打し、頭から血を吹いて7針も8針も縫ったことがあるそうだ。それでも涌井氏は、自分自身が動くことをやめようとしない。

そうか、涌井氏が開拓しているのは土地ではない。自分の人生そのものに他ならないのだ―。そう気づいた瞬間、すっと腑に落ちた。今度会う時、涌井氏が見せてくれる風景も、やはり管理の行き届いた畑ではなく、雑木と雑草の荒れ地に違いない。泥のついたタオルで汗をぬぐいながら、あいかわらずの人懐っこい笑顔で夢を語ってくれるはずだ。

2 株式会社ケイワード九州

左から竹中行康専務、著者、竹中康彦社長

本社：
〒861-3107　熊本県上益城郡嘉島町上仲間227番地17
（嘉島統括本部）

TEL：096-237-3663　FAX：096-237-3677

URL：http://www.kyword.co.jp/

設立：1979年（昭和54年）1月25日

資本金：1,000万円

事業内容：家電総合卸

代表取締役：竹中　康彦

拠点：流通団地支店（熊本）、福岡営業所、鹿児島センター、八代営業所、長崎営業所、宮崎営業所

エンドユーザーの救世主として、家電総合卸の生き残り戦略

地域密着型の小売店による万全のアフターサービス

家電流通業界は近年、大きな転換期を迎えている。大手家電量販店の台頭とメーカー系列店の減少が顕著であり、地域密着型の家電小売店が消滅すると見なされているのだ。これは大手スーパーなどの台頭により、地元の商店が駆逐されていったのと同様の現象といえるだろう。

数字だけを見ると、たしかに家電小売店は急速に減少している。しかし、生き残った家電小売店の中には、これまで以上に売上を伸ばしている商店も存在しているのだ。その理由については、次のように推測することはできないだろうか。

近年の家電製品は洗練されたデザイン、直感的な操作を重視する傾向にある。年配の生活者に身近な大型テレビにしても設置や操作方法が難しく、困り果てたあげく地域密着の家電小売店に説明をお願いしているとの声も聞く。一方、大型量販店では値段、機種が豊富で選択肢が多いのだが、きめ細かなサービスにまで手が回らず、アフターサービスが万

全とは言いがたい。とくに地方都市に多く見られる、顧客のほとんどが高齢化している地域において、いったん購入した商品について、小売店が室内への設置から操作の手順まで面倒を見てくれるというのは、価格が安いこと以上に価値があるはずだ。

液晶テレビやDVD、パソコンにスマートフォンまで、家電製品は誰もが少なからず使用時のワクワク感を胸に購入している。私自身も経験があるのだが、コンセントを差し込み、いざスタートというタイミングで思うようにいかない時の絶望感は筆舌に尽くしがたい。そんな時、電話一本で駆けつけてくれて、使い方を理解できるまで親切丁寧に教えてくれるサービスマンは救世主のように思える。このような大手にできない地域密着型のサービスを徹底的に実践していくことで、今後も家電小売店は生き残っていけるのではないだろうか。

しかし、家電のハイテク化が進むなか、家電小売店が取り扱う品目の操作をすべて独学で熟知するのは不可能だろう。また、たとえ自身が操作方法を理解したとしても、高齢者を中心とする顧客にわかりやすく説明するには、それなりのノウハウが求められるはずだ。

そこで紹介したいのが、九州地区で家電卸売業を営んでいるケイワード九州。家電小売店に対する手厚いバックアップにより、この地域のトップランナーとしての地位を確立している。

共に辞表を出した仲間と故郷で起業

ケイワード九州の創業者であり、現在も代表取締役を務める竹中康彦氏。そのルーツは、名古屋の金物店にある。18歳の時、社員として働いていた彼は、雇い主である経営者に対して苦言を呈した。あまりにも脈絡のない商品陳列に嫌気がさし、「単に売り物を並べとるだけやないか！ こんなんでは売れるわけないわ」と言い放ったのだ。当時18歳というから若気の至りと言えなくもないが、経営者の逆鱗に触れて退社を余儀なくされる。

その後、金物問屋に身を移すが、やはり歯に衣を着せぬ物言いは変わらなかった。竹中氏は、7年間勤めたある日、帳簿に不審な点を発見する。経営者に対し「売上5億円で4000万円の使途不明金があります。ただちに正すべきです」と提言したのだ。経営者からは、すぐ改善すると返事があったものの3年間放置され、竹中氏は自ら退職を願い出たのだ。当時の心境は想像に余りあるが、結果としてはこれらの経験によって、若くして商品展示の重要性、財務の大切さを学んだことになる。

竹中氏が退職時、同じ時期に入社した数名の社員から「あなたが辞めるのであれば私たちも辞めます」と告げられ、共に辞表を出すことに。一蓮托生とばかりに自分を慕う仲間がいること、自分自身が家族を抱えていることから、地元熊本に帰郷しての起業を決意する。そして34歳の時、銀行から金融支援を取りつけると、「これからは家電の時代だ」とばかりに小さな家電卸売業、社名「ケイエス電器・熊本総合」を起業。買い入れた家電を小売りに販売することで創業資金を獲得し、ついに本当の意味での独立記念日を迎えるのであった。

「より早く、より安く、より便利に」を実践

１９７９年（昭和54年）、熊本でスタートしたケイワード九州。家庭電化製品および関連部材商品の卸売業として、取引先メーカーの拡充と販売先小売店の確保に毎日奮闘する。１９９６年には、社名をケイワード九州に変更。創業40年を迎えた２０１９年には、九州で一番の家電総合卸にまで成長している。

ケイワードの由来は、「九州・家電・活力&活性・健全発展・顧客第一・機動性・高感度・可能性・ケイエス電器・熊本総合」と、これらに共通するのがイニシャル（頭文字）

が〝K〟であること。そして、〝K〟の言葉（WORD）一つひとつを結集するとの願いを込めて名づけられたという。

地元の人々に豊かな生活文化を提供することで、郷土とともに発展してきた同社。1997年には、熊本市嘉島町に「嘉島統括本部」を創設する。これを機に流通ネットワークを九州一円に絞り込み、嘉島統括本部を基点として7拠点を展開。日々変化する顧客の要望に応えるべく、新製品をいち早く確保する情報収集、スピーディーな商品の供給、さらには可能な限りリーズナブルな価格設定で支持を集めている。

激しく変動する流通業界において卸売業は、メーカーと一般消費者の双方から「時代に対応できる機能性」を求められている。それは「より早く、より安く、より便利に」と言い換えることができるだろう。そこでケイワード九州では、企業活動に徹底したローコスト経営を導入。メーカーと一般消費者それぞれのニーズやシーズの一歩先を行く企画提案も心掛けている。

嘉島町に営業統括本部を設けたのも、福岡エリアまで約1時間30分、鹿児島および宮崎エリアまで約2時間の所要時間で移動がかなう、交通アクセスの利便性に重きを置いた結果である。

地域密着型の販売店様の力に

名古屋の金物店において、商品の売れ行きと陳列の密接な関係を目の当たりにしてきた竹中氏は、顧客の目線に立って考えることの大切さを重視。小売店の店主や店員が一般消費者に対して丁寧なサービスを行うには、まず卸売業者であるケイワード九州の従業員が取扱商品をとことん理解することが基本と考えたのだ。そこで同社では、新商品が発表されるたびに社内で研修会を実施し、そこで気づいた点をメーカーに問い合わせ、その結果を社内全体で共有。時には独自の工夫を加えたうえで、小売店へ惜しみなく伝えていった。当時の心境について竹中氏は「地域密着型の販売店様の力になることが、地域活性化になると考えています。その思いは今も変わりません」と述べている。

あらゆる業界で価格競争が加速するなか、同社はより付加価値の高い情報やサービスの提供、専門知識を活かしたアドバイスをストロングポイントとすることに成功している。人材育成に力を入れており、各種展示会や見本市などにも積極的に従業員を送り出しているのだ。竹中氏は「新製品についての情報などをいち早くキャッチし、地元熊本に提供するためにも、つねに首都圏の市場には目を光らせている。これからも地域に根ざした家電総合卸でありたい」と話す。

キーコンセプトは「新しい時代へ、スイッチＯＮ。」

竹中氏は「家電製品は、私たちのこの先はるか未来までも〈生活〉と〈文化〉、〈暮らし〉をもたらしてくれます。より豊かさを追い求める社会の中で、必ず必要とされ、どこまでも進化していくものです。このような恵まれた環境の中でも変革を求める地域店様のご健闘を念じ、弊社もご販売に微力ながらお手伝いさせていただきたく思います」と話す。

同社が打ち出したキーコンセプトは「新しい時代へ、スイッチＯＮ。」というもの。竹中社長は「ＡＩやＩｏＴなど、家電業界はますますおもしろくなりそうです」と話している。

ハイテク化が進む家電製品は、ＴＶ番組や雑誌などで続々と特集が組まれるほど進化し続けている。早すぎる時代の変化に対応すべく、同社では自身が「チェンジ（change）」することを「チャンス（chance）」と捉え、さまざまなことに「チャレンジ（challenge）」していくことを基本理念にしている。

こうした考え方を体現するために実行しているのが、親切丁寧なメンテナンスである。文字にするとありきたりのサービスのように思えるが、これを徹底することで素晴らしい結果につなげているのだ。

儲かる企業となるためのノウハウを提供

一方、時代の主流とされていたインターネットを通じて家電製品を販売していた大手企業が、2010年8月15日、倒産の憂き目にあうとは、名うての業界通でも見通すことはできなかっただろう。飛ぶ鳥を落とす勢いで成長してきた同社は、2008年の最盛期には年商98億円を実現し、ネット通販は不滅の販売ルートとして注目されていたからだ。また、名古屋市に本社を置く家電販売業のコスモス・ベリーズがヤマダ電機の支援を受けて系列下に入るなど、家電業界は今なお揺れ続けている。

こうしたなかで自社の優位性をいかに確保するか、独立系企業の経営者は頭を抱えている。しかもケイワード九州が基盤とする熊本県は、2016年4月14日から16日にかけて阪神・淡路地震に匹敵する激震に見舞われ、多くの建物が被災し甚大な被害を被った。こうした自社を取り巻く環境の激変にあって、それでもたくましく生き延びる企業のビジョンについて、竹中氏は以下のように話している。

「『一隅を照らすものは会社の宝である』。これは昔の名言である。今の世もこのままでよいのだろうか? オールマイティな人間を……とは言わないまでも、『仕事を追いかける人材』と、『夢を追いかける人材』と、『有言実行』のできる人々が求められる世である感がします。弊社は〈自分に厳しく人に優しく〉を社内の合言葉に、お互いの知的能力アップを心掛けて業務に励んでおります。社内の環境整備と社員の育成にも力を注ぎ、微力ながら郷土の発展と、企業と社員の健全な発展を願う企業に自ら育ちたいと念じております」

その思いを具現化したのが、メーカーと共同して実施する大規模な展示会だ。もちろん同様のイベントは他社・他業種でも行われているが、それらがホテルや大型ホールの貸屋で行うのに対し、ケイワード九州では約1000平方メートルの大規模な自社倉庫を用いて行っている。それでも類似した展示会がないわけではないが、そこでの来場者に対してのサービスは、茶菓や弁当が定番である。これに対し、同社ではすべてあたたかな食事を提供しているのだ。心のこもった〝おもてなし〟に、ハートと胃袋をぎゅっとつかまれた小売店の店主は少なくないだろう。

同社では、さらに個別のブースを設けて、出店企業の新製品セミナー、販売促進セミナーなどを実施している。まさしく儲かる企業となるためのすべてのノウハウを取引先に伝授しようと意気込んでいるのだ。ちなみに２０２０年のメインテーマは「もうかる家電」というから納得がいくというものだ。

これらの企画はすべて社員が行い、取引先企業と連携して内容を詰めていく。プランニングの最後には、竹中氏が小売店の立場で点検する。持論である「展示方法が顧客の購買意欲を喚起する」を実践しているのだ。

時間と手間暇を惜しまずに展示方法を添削する、それには商品知識と顧客の目線が必要だ。そこで同社では東京をはじめ各地で開催されるメーカー主催の見本市には必ず社員が見学し、さらに企業の新製品は担当者から直接内容を学び、展示に活かしている。

信頼関係を強固にした被災時のアクション

家電卸としては比較的後発といえるケイワード九州。同社が小売店から絶大な支持を得ている理由は、前述の展示会以外にも存在する。それは熊本県民をはじめ、多くの人々が思い出したくもない出来事に起因する。

２０１６年４月、熊本を襲った大地震。ケイワード九州も甚大な被害を受けて、存続の危機に直面する。しかし、この時とった咄嗟の行動が原動力となって現在の地位を築くと

被災者住宅への支援を積極的に行った

は想像もしなかった。経営者の誰もがわれ先にと自社の都合を優先するなか、竹中氏は自社の再建を後回しにして取引先の安全確認と緊急対策、その背景にある郷土の発展を最優先したのだ。

震災に遭われて甚大な被害を受けた取引先に社員を派遣して復興をサポート。さらに、被災者住宅に対する家電小売店からの家電納品も、率先して取引先を支援したのだ。こうした事実が家電小売店の経営者の胸を打ち、これまで以上に信頼関係を強固なものにしたという。

家電小売店の元気が、地域の元気に

同社の姿勢は、スローガンである5つの

特徴に現れている。それは「1．取扱メーカー100社以上、2．豊富な在庫を取り揃えている、3．九州一円をカバー、4．販促用チラシを提供、5．営業マンがお伺いいたします。」というものである。

また、同社の行動指針が、竹中氏の好きな言葉に表現されている。それは、「積小為《せきしょうい》大《だい》」である。大きいことをしようと思うならば、小さいことを怠けずに励まなければならない。小さいことの積み重ねこそが、大きなことを見いだせるのだ。

最後に竹中氏は「今こうしてわが社ががんばっていられるのは、後継者不足などが原因で廃業された多くの同業他社が『ケイワード九州さんなら任せられる』と言って、従業員と取引先を引き継がせてくれたこと。それに魅力的な家電製品を次々と開発し、売り方のヒントまで提供してくれるメーカーのおかげです。こうした取引先企業との長期にわたる信頼関係を今後も大切にしていくことで、お互いが発展していくことが望ましいですね。なかでも町の生活に密着した家電小売店が元気になることが、地域をよくすると考えています」と話された。

ケイワード九州は現在、若手社員の育成に向けた勉強会に対して、これまで以上に力を入れている。親切丁寧な商品説明と、それ以上に価値のある温かさを伝えられる人間味にあふれたコミュニケーションができる社員の育成こそ、今後の成長の源泉と考えるのだ。同社の実施する社員教育カリキュラムには、社業を通じて地域に貢献しようという、竹中氏の想いが込められている。

まいど教授のクローズアップ！

竹中社長との出会いは、1998年にまでさかのぼる。熊本日日新聞主催の経済政治懇話会に私が講師として招かれ、講演後、懇談会で意見を交換したのが最初であった。意気投合したことをきっかけに、その後、私のゼミ生がインターンシップに参加。独自路線で生き残る小売店を体感したレポートには「たいへん感動しました」といった内容が記してあったのを憶えている。

そのご縁をきっかけに、私が主催している「大阪シティ信用金庫若手経営者塾」に講師としての登壇を依頼し、当日は熱意や信念がひしひしと伝わる講演をしていただいた。さらに2013年、関西大学から出版した『中小企業再生の道』においても、同社に触れさせていただいている。

それから3年後、2016年にあった熊本地震の際には、おずおずと電話連絡をした私に対し、「まずは取引先の復興が先決です」と毅然とした声で応え、実際に現地を駆け巡っていたことに心を揺さぶられた。

こうしたこともあって竹中社長を応援したい気持ちがますます強くなった私は、何らかの形で取り上げたいとしばらくの間、祈念していた。そこに幸いにも同友館から中小企業関連書籍の刊行依頼があり、今回事例として掲載に至ったのだ。

縮小、寡占化する一方の成熟市場と見なされている家電業界にあって、取引先企業との相互信頼関係を長期にわたり構築され、着実に売上を伸ばしておられる同社。取引先の地域家電小売店の立場に立ち、何が必要か絶えず模索している。地元密着の家電小売店を育てたい一心で全力を注ぎ、日本の伝統的儀礼を尊重されている姿に接して、さらに感動を深くした。これを皆様に披露することで、混迷する市場の打開策になればと祈念している。

3　ナミテイ株式会社

左から村尾雅嗣会長、村尾耕一社長、著者

本社：
〒577-0042　大阪府東大阪市西堤2丁目2番23号

TEL：06-6788-1131　**FAX**：06-6788-1138

URL：https://www.namitei.co.jp/

創業：1945年（昭和20年）10月10日

設立：1947年（昭和22年）7月7日

資本金：3,000万円

事業内容：
鉄・非鉄線材製品、金属加工部品の製造および販売

代表取締役会長：村尾　雅嗣

代表取締役社長：村尾　耕一

認証規格：ISO9001、ISO14001

経産省中小企業庁：元気なモノ作り企業300社
第9回東大阪モノづくり大賞　金賞受賞
グッドカンパニー大賞　特別賞
地域未来牽引企業　認定

国内シェア100%、海底ケーブル異形線のパイオニア

世界の情報ネットワークを支える黒子

現代のネット社会において、情報のキャッチボールには通信衛星を用いるのが当たり前だと思われている。たしかに通信衛星は、カーナビやスマホのGPS機能のおかげですっかり身近なものとなっているが、情報通信において最速の手段というわけではない。テレビの衛星中継を見ればわかるように、情報の送り手と受け手でわずかな誤差が発生するのだ。通信衛星の場合、地上から発信して衛星に行って戻ってくるまでに約0・25秒を要する。それが地球の裏側となると、さらに時間がかかってしまう。

一方、そうした時間差を全く感じさせない通信手段がある。それが海底に深く敷かれた光ファイバーケーブルだ。世界を駆け巡る通信やデータの99%が海底ケーブルを通るものであることは、あまり知られていない。しかし、すでに世界で約400本もの海底ケーブルが敷設されている。総延長では120万キロメートル以上、地球30周分ともいわれている。

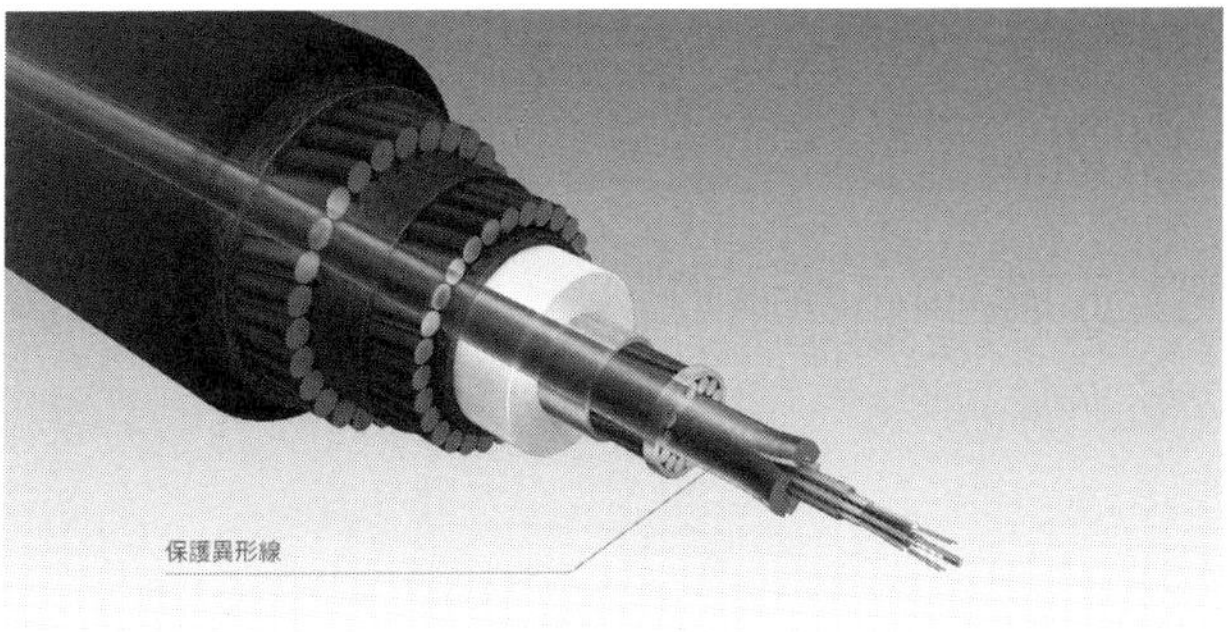

海底ケーブルの構造図

1989年、世界で初めて太平洋に光ファイバーケーブルが敷かれた。日本とアメリカを結ぶ「第三次太平洋横断海底ケーブル」で、世界10ヵ国22通信事業の共同体が共同出資したものである。

25ミクロンという極細の光ファイバーは、当時の主流だった電話回線の6000倍もの情報量を送信できる。しかし、海底8000メートルに沈むケーブルには、1平方センチメートル当たり800気圧がのしかかる。驚異的な圧力から髪の毛ほどしかない光ファイバーの束であるケーブルを守るための「異形線」の技術を開発したのがナミテイだ。この異形線は、日本国内において100%のシェアを誇るオンリーワン製品。現社長は、三代目の村尾耕一氏である。

丸釘、鉄線を経て海底ケーブル保護材へ

ナミテイは1945年（昭和20年）、初代社長の村尾一秋氏によって創業された。終戦から2ヵ月後の10月、「戦後復興に釘は欠かせない」との判断から、丸釘の製造会社としてスタートしたものだ。しかし、朝鮮戦争停戦前の1952年には製釘設備を廃却して、亜鉛メッキ設備を新設。続いて針金用の伸線設備、焼鈍設備なども導入して、亜鉛メッキ鉄線や針金中心に業種転換した。

1983年、一秋氏の急死に伴い、雅嗣氏が二代目社長に就任する。高抗張力異形鉄筋「ナミコン」の開発に成功し、翌年には1000メートルのパイプを3分割にした扇形の異形線サンプルを3種類受注。わずか2週間の納期であったが、なんとか納品に漕ぎつけたのであった。

この実績を高く評価され、数日後には3000メートル、続いて6000メートル、さらに10キロメートルのオーダーがある。延伸に伴い接合部分の溶接をはじめ、新たに発生した問題を解決すべく、さらなる技術開発と設備増強に多額の投資を行った。

新製品の秘密漏洩対策として、金型だけでなく機械も部品ごと別の業者に発注し、自社で組み立てを実施。創業社長から懇意にしてきた新日鉄からの力強い支援も得ながら機械

設備を大改造し、海底ケーブル保護材である異形線を完成させたのだった。

業務拡大に伴い〝自前の炉〟を導入

１９８６年から始まった日本のバブル景気。５年後にはバブルが弾け、まるで潮が引くように景気が後退するなか、ナミテイには海底ケーブル用３分割管の受注という大波が押し寄せていた。１９９０年代は光通信ネットワークの重要性が一気に高まった時代ともいえる。インターネットサービスプロバイダの出現とともに、急速に拡大したインターネットサービスの影響を受け、遠く離れた国や大陸を結ぶ光海底ケーブルのニーズも劇的に高まり、敷設プロジェクトが花盛りといった状態が続いた。

そんななか、ナミテイは１９９０年の第四太平洋横断ケーブル、３年後には第五太平洋横断ケーブルなど多数のプロジェクト参画を果たす。製造した海底ケーブル用３分割管は、総延長約15万キロメートルに及び、これは地球4周分にも相当するという。同年代後半になっても躍進の勢いは衰えず、ケーブルメーカーのＯＣＣ（旧・日本大洋海底電線）より、大幅な生産体制増強の依頼を受ける。年間２万キロメートルだった製造キャパシティを３万キロメートルにまで増やしてほしいというものだ。時を同じくして、ＳＴＣ焼鈍炉を備えた新石切工場を新設していたナミテイは、本社設備を増強しニーズの拡大に対応。使用可能な炉を備えた管財物件で「いつかは自前の炉が欲しい」と願っていた同社には渡りに船であった。

国際競争の生き残りをかけて工場を増設

新石切工場を新設し、年間3万キロメートル体制を実現した2000年、OCCから製造ラインについて、さらなる増強の要請を受ける。製造ラインを年間5万キロメートルにまで増やしてほしいというものだ。前年に1万キロメートル分増やしたばかりの段階で、さらに2万キロメートル分増やすのは、あまりにペースが速すぎる。そう考えた雅嗣社長はOCCの社長と直接話をすることにしたのである。

そこで耳にしたのは、海底ケーブルの分野で国際競争が激化していることと、競合相手2社はいずれも膨大な資金力を持つグローバル企業ということだった。それに比べて日本の企業は中小企業の連合体制を整えてはいるものの、トータルな規模や生産体制で手薄な印象を感じずにいられなかった。覚悟を決めると、新工場の設置を決意。北九州市八幡東区の新日鉄八幡製鉄所構内の建屋を借りて九州工場を立ち上げることになった。

ＩＴバブル崩壊とともに水泡と化したプロジェクト

およそ8億円を注ぎ込んだ九州工場は、約1年の準備期間を経て、２００１年11月に完成を迎えた。本来なら祝賀ムードで包まれる記念すべき日、社長のもとに届いたのは竣工の祝辞とは程遠いものだった。ＩＴバブルの崩壊により、今後5年間、ケーブルの仕事は一切ないという凶報だったのだ。

日本経済がバブル崩壊の影響で苦しんだ約10年間、海底ケーブルの分野に好況が続いていたのは、アメリカ経済におけるＩＴ関連産業の隆盛による影響だった。カリフォルニア州のシリコンバレーを中心にＩＴベンチャー企業が次々に誕生し、世界中から若い技術者が集結。その結果、投資対象として人気が上がり過ぎ、破綻に至るまでにそれほど時間はかからなかった。

海底ケーブルの分野でも同様の事態が発生した。需要の拡大以上に参入する企業が増えていくと、たちまちケーブルが過剰供給に陥ってしまったのだ。ＩＴバブル崩壊のあおりも受け、目白押しだったプロジェクトも泡のように消えていってしまった。

業界の熱望を受けて竣工したはずの九州工場は、２００１年の竣工式こそ華々しく行われたものの、新たに設置した3つのラインは沈黙の時間が続いた。海底ケーブル余りの状況は想像以上に深刻で、既存の本社工場5ラインについても停止に追い込まれ、向こう5年間の稼働休止が予測されたのである。

その頃、ナミテイの年間売上はおよそ25億円であり、その約半分を海底ケーブル関連が占めていた。それがいきなりゼロになり、そこへ九州工場立ち上げに費やした8億円の借金が重くのしかかる。それでも社長は、無用の長物である九州工場を手放す気にはなれなかったという。

ケーブルの供給過剰を甘く見ていた判断ミスは認めなければならない。しかし、光通信が今後ますます重要になることに疑う余地は一切ないのだ。この苦境を乗り越えた先には、必ず明るい未来が待っている。強固な意志を持って、九州工場を維持していくことにしたのだった。

父直伝の経営スタイルで得た「2つの差額」

ＩＴバブル崩壊から約2年間、ナミテイを生き長らえさせたのは、父直伝の経営スタイルだった。それは「手形は割らず、支払いは現金」というものだ。多くの中小企業では、もらった手形はすぐに現金化し、運転資金に充てている。しかしナミテイでは伝統的に、よほどのことがない限り手形は割らずに調整してきた。手形を割れば当然利息や手数料を引かれてしまうが、満期まで待てば額面どおりに受け取ることができる。しかも、本来であれば手形でも構わない材料代などをキャッシュで支払うと、商社は日数分の金利を返してくれたのだ。こうした「2つの差額」は、この時、大きな恩恵をもたらしてくれた。

苦渋の決断をバネに新たな事業へ進出

思いがけず手にすることができた運転資金に加え、経費の削減や土地の処分なども行うことで踏みとどまってはいたものの、市場は回復への気配さえ見せなかった。

そしてついに雅嗣社長は、余剰人員のリストラという手段を選ばざるを得なくなったのだ。こうした場合、給与の高い中高年社員から実施するのが一般的であるが、養うべき家族を抱えていることを重視し、身軽な独身者や再就職の可能性が高そうな若者から順に辞めてもらうことにしたのは、社長の人柄がにじむエピソードといえる。

リストラは「リストラクチャリング（Restructuring）」の略語であり、本来の意味は「再構築」にある。雅嗣社長は、あの手この手の延命策に取り組む傍ら、新規事業の開拓にも挑み続けていた。その一つが、今では海底ケーブル用3分割管と並ぶ主力商品となった自動車部品であった。

日本中がバブル崩壊にあえぐ1990年代、日本の自動車メーカーは海外でのノックダウン生産を本格化させたが、しだいに従来の部品メーカーだけでは供給が追いつかなくなっていた。しかも高度な安全性や環境性能が求められる風潮にあり、品質面で信頼度の高い日本国内で調達先を探していたのだ。

こうした市場の動きを察知したナミテイは、機を見るに敏とばかりに自動車分野への専門チームを発足。1997年に「シートベルトのドラム軸」を開発した。大手シートベルトメーカーの東海理化電機製作所・新日鉄・ナミテイの共同開発によるもので、これまでにあったシートベルトの弱点を克服する新技術を搭載している。高度な技術を要求されたが、海底ケーブル用3分割管の開発時に、新日鉄から教え込まれた品質管理技術が再び活きることになった。

世界一の技術と品質を誇るトヨタの要求水準は高く、製品開発も困難を極めたが、トライ&エラーを繰り返した結果、満足できる製品づくりを実現。現在では、全トヨタ車の7割以上で採用されている。

このドラム軸は、ナミテイの優れた技術開発力の証明となり、他製品の受注も徐々に増

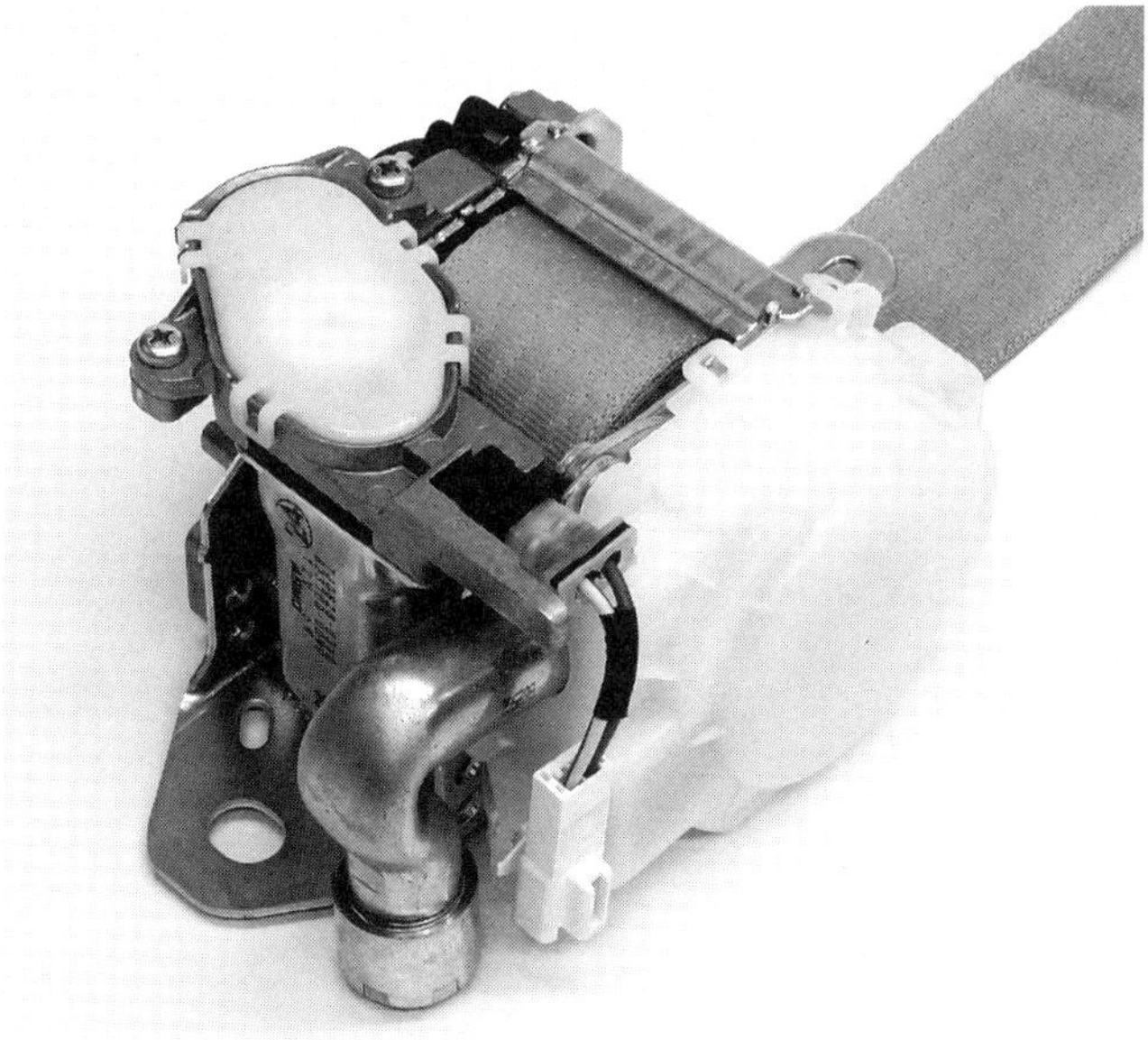

シートベルト巻き取り装置

加。2000年代半ばには、当時は低迷していた海底ケーブル用3分割管に代わる主力製品と呼べるほどに成長していったのである。

ナミテイの復活劇を彩るもう一つの製品は、幹線道路の下にある通信回線を守ることを目的とした「マンホールの施錠内蓋」である。西日本最大級の通信工事会社、コミューチュアとの共同開発製品。マンホール内部に付けるステンレス製の二重施錠式内蓋で、マンホールを掘り起こして敷設工事を行う場合に比べて、大幅な経費節減が可能である。関西各地の国道で採用されたこの施錠内

二重施錠式内蓋の設置状態

蓋は、国土交通省が運営する情報データベース「NETIS（新技術情報提供システム）」の登録技術として認定され、ナミテイを消えゆく運命とみていた企業に「どっこいナミテイここにあり！」を印象づけたのだった。

「シートベルトのドラム軸」と「マンホールの施錠内蓋」によって業績を回復させたナミテイは、2006年、九州工場が沈黙を続けるなか、念願の黒字転換を果たしたのであった。

存続の危機を乗り越え、安定感のある成長企業へ

未来への扉をこじ開けたナミテイは、そ

の翌年、再び上昇気流に乗ることになる。2007年、頓挫していた光海底ケーブル敷設プロジェクトが世界各地で再始動を開始したのだ。ナミテイも、従来の主力商品である海底ケーブル用3分割管を6年ぶりに受注。完成とともに稼働停止状態だった九州工場は、ようやく役割を与えられたのであった。

過剰供給と思われた海底ケーブルは、先進国間においてはそのとおりであったが、中国やインドといった新興国や途上国では見込み違いだった。しかも情報通信のブロードバンド化で、求められる回線数も格段に向上し、過剰分とされた分量を上回る需要が世界各地で発生したのだ。こうしてナミテイは、5~6年間にわたる存続の危機を乗り越えることができたのである。

この年、ナミテイは栄誉ある賞を3つも受賞する。それは、中小企業庁の「2007年元気なモノ作り中小企業300社」、社団法人中小企業センターの「第41回グッドカンパニー大賞特別賞」、東大阪商工会議所の「第9回東大阪モノづくり大賞金賞」である。余勢を駆るようにナミテイは、翌2008年には、創業以来の最高益という記録を樹立。2009年のリーマンショックを受け、自動車部品の売上が大幅に落ち込むなか、海底ケーブル用3分割管が堅調なため、利益の確保に成功する。

まいど教授のクローズアップ！

２０２０年、海底ケーブルの世界市場に目を向けると、日米欧の3社による独占状態が見てとれる。アメリカのサブコム社がシェアトップで42%、次いで日本のＮＥＣが30%、フランスのアルカテル・マリン・ネットワークスが21%となっているのだ（２０１４年～18年に受注した距離ベース。ＮＥＣ資料より）。しかし、近年の注目株は、価格の安さを武器に事業を急拡大させている中国企業だ。さらに、中国が主導する海底ケーブルが張り巡らされれば、重要な機密データの抜き取りといった安全保障上にも深刻な問題が生じかねない。

次世代通信企画「５Ｇ」の普及による市場の急拡大を見据え、日本政府は光ファイバー海底ケーブルの輸出支援に乗り出す方針を固めている（２０２０年1月8日、読売新聞）。

さて、現会長の長男、村尾耕一氏が三代目社長に就任したのは、２０１２年のこと。会長職に就任した二代目社長の雅嗣氏は、代がわりにあたり、創業社長である父親の言葉を思い出していたという。いわく「今時代のものづくり」。「今、この時代に必要とされるものづくりは何か、常に考えろ」という意味である。

同社が時代の波に翻弄されながらも現在の地位をつかみとったのは、「戦後復興には釘が必要」と製釘業を興しながら、時代のニーズを先取りして品種転換を続けた父親の経営スタイルを受け継いできた結果ともいえる。今後どのように「今、この時代のものづくり」を実践していくかに注目したい。

4 兵神機械工業株式会社

友藤公雄社長（右）、次期社長の昇平氏（中）と著者

本社：
〒675-0146　兵庫県加古郡播磨町古田1丁目5番30号

TEL：079-436-3001　**FAX**：079-436-3015

URL：https://www.hsn-kikai.com/

創業：1929年（昭和4年）12月7日

資本金：9,500万円

事業内容：
船舶用ポンプ・油水分離器・ODM、水耕栽培装置の製造販売

取締役社長：友藤　公雄

認証規格：ISO9001：1999年／ ISO14001:2014年

独自技術を異分野で活かし、新たな価値を創造するフロントランナー

深刻化する海洋汚染と動きの鈍い産業界

人類の生産活動から排出される物質などが原因で、海域や海水が汚されてしまう海洋汚染。産業廃棄物などゴミの廃棄や船舶の事故による石油の流出といった一時的なものと、工場や家庭からの排水、農薬など化学物質の流入といった慢性的なものがあるとされている。有害な化学物質は、魚類の体内で蓄積・濃縮され、食物連鎖によって、魚類を食する鳥類、さらには人類の健康にも悪影響を及ぼすと懸念されている。プラスチックゴミの投棄も深刻化しており、対策を取らない場合、2050年にはプラスチックごみの量と海の魚類の量が同じになるといわれるほどだ。

海洋汚染は現在、すでに危険な水準に達しているといえる。それは2015年9月の国連サミットで採択された「持続可能な開発のための2030アジェンダ」にて記載されているSDGs（2016年から2030年までの国際目標）においても、目標14に「海の豊かさを守ろう」が掲げられていることからも明白だ。

兵神機械工業の本社・工場

2018年頃から大手小売チェーンや化学メーカーがストローなどのプラスチック製品を生産しない、使用しないという企業ポリシーを打ち出しているが、遅きに失した感は否めないだろう。こうしたなか、およそ90年前、創業当時からの基本理念に「環境にやさしい」を採り入れ、事業展開に活かしてきた企業がある。船舶ポンプ専業メーカーの兵神機械工業株式会社である。

年々厳しくなる基準をクリアする油水分離器

1929年（昭和4年）に兵庫県神戸市で創業した兵神機械工業。鉄鉱石や石油などの資源、自動車、コンテナなどを輸送する船舶に向けてのポンプを製造・販売している。ポンプは船舶のエンジンに燃料や冷却用水を移送する役割を果たすもので、船舶にとっての心臓部ともいえるキーパーツである。

同社ではポンプに加え、国際条約で搭載が義務づけられている油水分離器、油排出監視制御装置／ＯＤＭの開発・製造も手掛けている。なかでも私が特に着目しているのは、油による海洋汚染を防止する油水分離器である。

船舶用環境機器として位置づけられている油水分離器は、読んで字のごとく、油水を油と水に分離する装置。ビルジ（船の底に溜まった油混じりの水）セパレータとも呼ばれている。ビルジは船内に搭載されている機器からの漏れ、フロアや機器を洗浄した排水、エンジンのクーラーのドレンなど、さまざまな水が船底に落ちてできてしまうもの。その量は増える一方であり、船外へ放出する必要がある。ただし油分を含むために、そのまま流すと海洋汚染の原因となってしまうのだ。

海洋環境を保護するための国際条約によると、ビルジの排出についての規制値は、油分濃度15ｐｐｍ以下となっている。ｐｐｍとは parts per million（百万分率）の略であり、15ｐｐｍは１００万分の15という比率になる。これを常識的な尺度で捉えると、相当厳しい基準といえそうだ。一般的な浴槽に溜まる湯量の目安が２００リットルだとされている

機関室ポンプ1隻分（25～30台）

が、わずか3ミリリットル（小さじ半分ほど）の油を加えた状態が15ｐｐｍになるという。

この国際条約では、厳しい型式承認試験をクリアした油水分離器を搭載しなければならないと定められている。国際ルール変更があれば、あらためて研究開発が必要となるのだ。年々、環境保全を目的とした監視が強化され、基準が高くなるなか、同社では時代を先取りした製品開発に取り組んでいる。さらには取引先のリクエストに応えるかたちで、油水分離器に関連機器を組み合わせ、船外へ排水した記録を残すことができるＯＤＲ（Overboard

Discharge Recorder）を開発。国際ルールで、何年・何月・何時・何分に油分が何ｐｐｍのビルジを排水したかを記録しておくことが義務化されているが、同社のＯＤＲはこれらの情報に加え、ＧＰＳの信号と流量計を活用してどの海域でどれだけの量を排水したかを自動的に記録する機能が備わっている。

国際条約では、地球環境保護を強化する目的で、現行の船舶から海洋への汚染物質の排出禁止に加えて、２０２０年1月より世界のすべての船舶に対して、煙突から排出される汚染物質の排出規制が強化されている。同社は、早くから大気汚染防止機器の開発にも着手し、なかでも特に地球温暖化の根源である二酸化炭素の排出量の測定・監視モニターを加えた環境保護製品をラインアップ。基本理念に掲げる「人と環境にやさしい企業活動」を体現するように社会貢献を行っているのだ。

水耕栽培という新ビジネスへの船出

同社の扱う船舶用機器は、船の振動に加え荒天による揺れや衝撃、海水の塩害など、過酷な条件下でも安定した稼働を求められる。これを実現すべく、トライ＆エラーを重ねる中で培われた技術は、意外にも農工部門に活かされているという。なかでも同社が力を入れているのは水耕栽培の装置だ。環境汚染の影響を受ける心配が極めて少ない、安心・安全・新鮮な高付加価値農業を廉価で行える技術を独自に開発。さらには、農工部門で活かされたこの技術を、船舶に搭載できる様式へと創意工夫を重ねた装置を近年開発したという。

水耕栽培のメリットは以下のとおり。

・スペースさえあれば、室内・室外問わず、どこでも簡単に栽培できる。
・自動制御ができるため、管理がラクで農業初心者でも参入しやすい。（船の経験を活かし、問題があればどこにもすぐに出かけてメンテナンスのお手伝いができる）
・人手がかからず収穫量も品質も安定している。（栄養も土耕と差がない）
・土耕栽培に比べて季節に関係なく成長のスピードが一定で速い。（環境制御）
・土耕栽培に比べて農薬使用量が極めて少ない。
・腰の高さに栽培ベッドがあり女性でもシルバーの方々も作業がラク。

特にこだわった点の一つとして、肥料が挙げられる。野菜の育成に不可欠な肥料成分に窒素があるが、単一成分に限定しても硫酸アンモニウムや尿素といったいろいろな種類がある。また、窒素成分の総量が同じでも、アンモニアと硝酸の割合によって生育に差が出るケースも少なくない。健康な野菜を育てるには窒素以外の成分も必要であり、必要な成分を過不足なく組み合わせることが肝心といえよう。

そこで同社では栽培設備の構造や設置場所、野菜の品種は同じで、肥料の種類のみ変更して栽培を行い、野菜の生育状況や品質にどういった違いが生じるかの比較実験も実施している。しかも、常にどの分野にも専門家（栽培、機械、制御機器等）が常駐し、お客様の対応を行っているというから恐れ入る。

東京オリンピック・パラリンピックを控え、選手村やオリンピック関連の施設で提供する野菜の栽培業者は、日本国内ではＧＡＰ（Good Agriculture Practice）認証を取得しなければならない。同社は、２０１８年12月にこの認証を取得している。加えて、米どころの播磨地域に農園を有しており、２０１９年11月に、評判の高いブランド米／ミルキークイーンのＪＧＡＰの認証を受けた。

これらの活動が功を奏し、寒冷地域の中国の大連や熱帯地域のインドネシアから合弁事業の要請を受け、日本と異なった気候条件での水耕栽培ビジネスの展開も実施中である。

長距離を航海する船舶の船会社にとって、乗組員に新鮮な食材の確保と供給は切実な問題である。港に立ち寄るたびに大量購入しているわけだが、1ヵ月以上も洋上で過ごすうちに鮮度が落ちてくるのは当然だ。その点、船上で野菜を育成できる水耕栽培装置があれば、みずみずしい採れたて野菜を船乗りが口にすることが可能であろうと考え、船舶用機器専門メーカーの同社が船舶乗組員用の水耕栽培装置を開発したのだ。搭載した船会社の乗組員から予想を上回る好評ぶりで、顕在的なニーズに応える製品として国内外で大いに注目されている。

船員の命を救う、船舶用水耕栽培の驚くべき効能

「船舶用水耕栽培装置は、収穫できる野菜が新鮮なこと、見た目や食感が優れていることも魅力ですが、意外な効能もあるようです。私たちの想定を超えた役割を果たしており、社会貢献につながることに喜びを感じています」と語るのは、同社の取締役社長 友藤公雄氏だ。

たとえば鉱石運搬船や石油タンカーなどは、積み荷を乗せる、あるいは降ろす港の付近一帯が工業地帯であり、船員がリフレッシュできる環境ではない場合が多い。ひと月以上かけて洋上を移動し、ようやく到着した陸地でも気分転換ができず、再び長期間を船上に

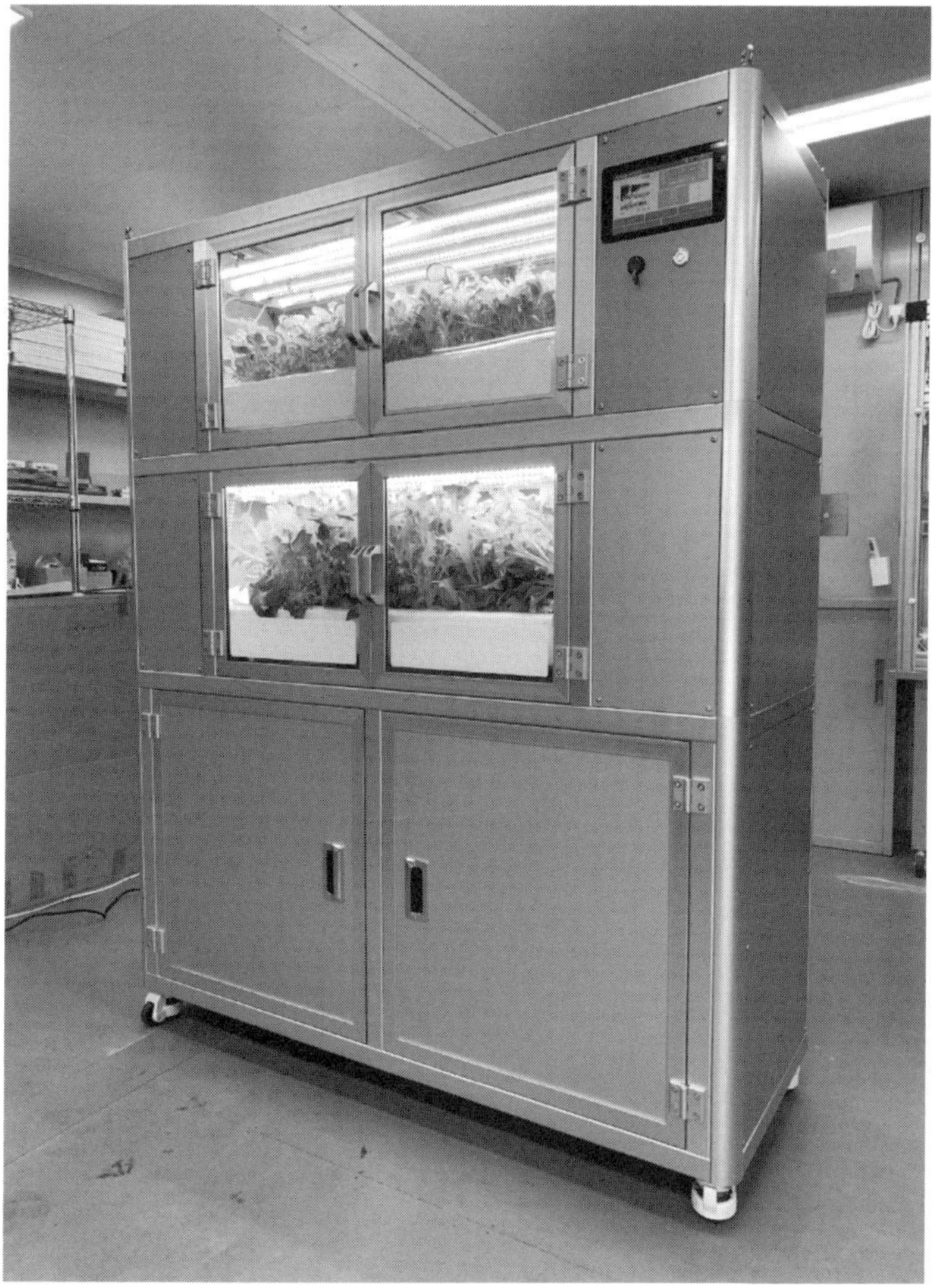

船舶用水耕栽培装置

拘束される。考えただけでも気が滅入ってくるだろう。船員にはストレスが蓄積し、メンタル不調を起こして命を絶つことも起きている。そんな彼らに癒しを与える存在が、水耕栽培で育成される野菜類なのだ。

「いま日本でもアニマルセラピーなどがブームですが、人間は生き物と触れあうことで心が癒される。当社の水耕栽培では、主にフレッシュサラダに利用されるベビーリーフを主力としているのですが、種から苗を育てて食べられる状態にするまで4週間ほどです。それほど手間のかかる作業ではありませんが、放ったらかしというわけでもない。人間の手で育てていくことや、成長する過程を眺めることが、人々の心に安らぎを与えてくれるのです。もちろんそれを味わう楽しみもあり、ストレス解消にもつながります」

友藤氏によると、船舶の乗組員に対する健康管理は国際法でも定められており、〝野菜を提供すること〟といった、かなり細かい規定まであるとのこと。今後、船舶用水耕栽培装置のメンタル改善への影響が科学的に実証されれば、注目度も一気に高まるはずだ。

製品そのものについても、取引先の要望を聞き入れながら、さらにコンパクト化し、乗組員の手でもプラモデル的に組み立てやすくしたという。前述した油水分離器と同様にAIやIoT化が進むと、手間や面倒を感じる部分は自動化し、癒しを感じられるところだけ人が行うといった使い方も可能となるだろう。現在進化中のヒット製品といえそうだ。世界の新規就農者から近隣の方々までをつなぐ「魅せる農園」の取組みにも力を入れていることも特長だ。「オンディーネVH」と名づけられた独自サービスであり、これから農業を始めたい人でも安心してスタートできる水耕栽培のシステムである。オリジナル設計と独自ルートの材料調達で、従来の完全閉鎖型植物工場と比べて初期投資を大幅に低く設定。設計から施工、設備導入まで、すべて同社がプロデュースするという。

農業未経験者でも短時間で技術習得が可能で、導入後もサポート研修を実施するというから安心だ。一反の面積で年間約1200万円の売上が見込めるとあって、発表以来、問い合わせが後を絶たない。農業就業人口の高齢化が進む日本において、食料の安定供給を確保し、農業の持続的発展を図るうえで大切な新規就農者の確保にも貢献している。

社長と社員の Together, Together, Together！

時代のニーズを先取りし、社会の期待に応えた事業展開で成長している同社だが、およそ一世紀にわたる歴史の中では、避けがたい理由で経営危機に直面したこともあったという。オイルショック（1バレル20ドル↓95ドル）のあおりで、1978年〜1979年に造船不況が発生。また、10年後の1988年には、「プラザ合意」で急激な円高（1ドル240円→120円）となり、輸出依存の造船産業自体がこの影響を受け構造不況業種になり、ドル決済の一部大手船会社も倒産に追い込まれた。これらの危機を乗り越えられたのは、経営者と社員の結束、信頼関係の一言。苦しい時にも将来像を共有し、一時のガマンで苦難を乗り越えることができたと考えられる。

友藤公雄社長が現職に就任したのは2001年であり、タイミング的には、これらの二大危機を脱した後になるが、以降も造船不況が常態化するなかで、同社は安定航行を継続中。これぞ友藤氏の経営手腕の成せる業であり、社員との結束強化と研究開発型の事業スタイルが功を奏しているといえるだろう。

苦難を一緒に乗り切り、力を合わせて邁進している社員とさらなる信頼関係を築くために、会社の経営数字をオープンにすることを実施。月一度の経営数字は言うまでもなく、近年では、毎月曜日の早朝に幹部に現時点の状況と対策について話し合うブリーフィングミーティングを持ち、即座に全社員に伝達・指示を行っている。また、夏・冬の賞与に加え決算時にも、社員の労苦を称えて業績賞与も出すという。

友藤社長は、尊敬していた故ケネディ大統領が所信演説の時に使った「Together,

「Together, Together!」の言葉を、機会あるごとに引用して社員に話している。

製品開発と改善、教育、意識向上にも注力

毎年、およそ5000万円を研究開発・マーケットリサーチ・教育費に注ぎこみ、世の中にない製品を開発、国内外の人脈開拓、社員の国際化等を行ってきたことも特筆すべきだろう。なかでも、昨今の開発製品としての好例が、前述した「船舶用水耕野菜栽培装置」である。船舶ルール＋機械＋計装＋栽培のプロたちが結集して作りあげた傑作といえよう。

社員教育については、社内での語学・グローバルマインド教育に加え、海外との共同開発推進の技術者派遣などがある。思いつき案件も含めて、開発物件は常に20項目は下らず、同社だけでなく、関連業界とタイアップしているという。

新製品の開発だけではなく、既存技術やサービスの改善にも力を入れている。とりわけ、サービスについては、24時間365日対応で、国内外へいつでも飛んで行ける体制を整備。部門に関係なく、社員の4人に1人がパスポートを持っている。

日々の業務においては、どんな些細なことでも改善点を見つけられるように、従業員一人ひとりがお客様目線を肝に銘じている。さらに、改善推進チームを設けることで、強い使命感のもとに改善点や問題点を発見・考察し、グループで話しあうことによって、全従業員の意識を高めているのだ。

さて、日本の造船業は１９９０年代までは世界一を誇っていたが、やがて韓国が台頭し、２００８年のリーマンショック以降は中国が躍進。そんななか、兵神機械工業は過去最高の売上高33億５０００万円を記録していたが、収益の安定化を図るべく中国やベトナムといった海外市場への進出も視野に入れていた。

２０００年代当初から進めていた中国における部材調達や人脈づくりをもとに、２０１０年には、中国上海市に兵神機械工業上海事務所を開設。中国でのビジネス拠点として機能することになる。同年10月には、本社内に中国室を開設。同事務所の事業内容を継承する現地法人双雄升商貿（上海ＳＸＳ）を設立。江門南洋造船など造船企業との縁結びに役立ち、その後の躍進を支える礎となった。

中国の国有持株会社である中国船舶工業集団（ＣＳＳＣ）のグループ企業、中船黄埔文沖船舶からポンプの技術提携を求められた際には、広州に製造工場をつくるチャンスと判断して合弁会社の設立を検討する。２０１３年には、合弁会社文沖兵神の設立を果たす。

２０１６年には一隻分のポンプ35台を受注製造するなど、主要な海外拠点として、今後ますますの躍進が期待されている。

同社の躍進ぶりに触発されたかのように、長く不況が続く造船業界にも、近年には回復の兆しが見えつつある。日本船舶輸出組合が1月中旬に発表した２０１８年の輸出船契約実績（受注量）によると、前年比14％増の１０７８万６３７１総トンとある。2年連続して前年を上回っており、3年ぶりに１０００万総トン台を回復したのである。

まだまだ楽観視できる状況ではないが、この波に乗って独自開発した製品を広く世界に知らしめることで兵神ブランドが確立されれば、さらなる発展を続けるための確固たる基盤を築くことができるのではないだろうか。

まいど教授のクローズアップ！

これまで数えきれないほど中小企業を訪問し、多くの経営者と個人的な親交を持つ私は、そのほとんどがファミリービジネスであり、そこには家族や同族経営であるからこそのメリットとデメリットがあることを承知している。また、そうしたファミリービジネスの永続的な発展を支える柱であり、土台としての「事業承継」に着目し、長年にわたって研究活動を続けてきた。

兵神機械工業をファミリービジネスの視点で捉え、事業承継に注目してみたところ、同社では堅実かつ順調に行われていることがわかった。ご子息の昇平氏が五代目社長の座に就くことが確定しているのだ。昇平氏は、あらゆる部門で下積み修行を受け、若くして専務取締役に就任。叔父にあたる秀雄氏からはポンプ事業の運営を、父親の公雄氏からは主に新規事業の取組み方と海外戦略の手ほどきを受けてきている。

そして現在は堪能な語学力を発揮し、次世代を担う若者グループとともに国内外にて事業推進の旗振りにあたっている。ビジネスのグローバル化が進むなか、じつに頼もしい存在だ。同社の事業を支えてきた二本の大黒柱から引き継いだ経営哲学をベースに、若者ならではの柔軟な発想と物おじしない交渉力を発揮し、すでにいくつもの案件に携わっているという。

さらに注目すべきは、90周年記念誌という社史編纂について、昇平氏を中心とした若手中心のプロジェクトメンバーに任せ、自社の持つ地財（経営資源）、とりわけ全従業員との面談を通して人的資源の見直しを試みたことである。これにより次期社長として自社のストロングポイントとウィークポイントを明らかにし、従業員のロイヤルティやスピリットを肌感覚で理解できたと話す。

彼を知り己を知れば百戦殆うからず――。自社を取り巻くヒト・モノ・カネ・情報、それぞれの強みと弱みを把握した若き次期経営者は、同社が培ってきた膨大なデータとノウハウ、多くの国、地域、企業とのネットワークを深め、新たな価値を市場に提案するクリエイティブなビジネスに活かすことができるだろう。

ポンプを主力製品としてスタートした歴史と実績を誇る同社は今、新たなステージへの突入とともに、時代そのものを突き動かすポンプになろうとしている。

5 マロール株式会社

兎田朗彦社長（右）と著者

本社：
〒653-0037　兵庫県神戸市長田区大橋町2丁目1番34号

TEL：078-611-2151　**FAX**：078-641-2908

URL：http://www.marol.co.jp

創業：1938年（昭和13年）3月

資本金：4,968万円

事業内容：
船舶関係の油圧及び電気･電子油圧式制御システム･機器の設計、製造、販売、サービス。大型船舶および小型船舶向け自社開発製品の製造･販売

代表取締役：兎田　朗彦

認証規格：ISO9001、エコアクション21

不撓不屈の精神で事業を継続し、隙間を攻めて未来を拓く

被災から復興へ、差と違いを徹底追求

多くの尊い人命を奪い、都市機能を麻痺させるなど、未曾有の被害をもたらした阪神・淡路大震災。成長から成熟へと向かいつつあった阪神・淡路地域の経済が、壊滅的な打撃を受けたことは紛れもない事実だ。なかでも中小企業の集積する神戸市長田区は、最も被害の大きかった地区の一つといえよう。

まさに焼け野原と化した長田区が復興を遂げるには、今後数年、いや数十年かかると予測する者もいた。ところがだ、逆境に屈せず、短期間でよみがえった企業も少なくない。そんな彼らには、業種にかかわらず共通するものがあった。企業活動において他社を圧倒する水準の能力、決して真似のできない軸となる強み、すなわち、わずかな差ではなくダイナミックな違いを徹底的に追求したことである。

事業の原点である油圧技術に活路を見いだし、新市場を開拓することで回復軌道に乗せたのはマロール株式会社だ。航空機部品メーカーとして誕生して以来、最先端の油圧装置

を開発し続けてきたリーディングカンパニーとしての面目躍如である。
同社の主力製品は、小型漁船とプレジャーボート用の電子・油圧式操船システム。被災から4年後の1999年には、新産業創造研究機構（NIRO）の技術移転による製品化第一号に選ばれた。

オーバークオリティは、顧客第一主義の証

1938年（昭和13年）、創業者の兎田伊三郎氏は、王子精機工業株式会社を設立。ピストンピンなど航空機部品の製造を手掛ける。時は第二次世界大戦のさなかであり、大戦景気といった現象とともに事業は拡大の一途をたどる。伊三郎氏の読みはピタリと的中したわけだ。

ただし、同社の製品がヒットした理由は、決して時流に乗ったことばかりではない。戦闘機という、人間の生命を預かり、しかも性能を限界まで引き出し続ける精密機械を製造するにあたり、伊三郎氏は大げさなほどに安定性や確実性を重視。オーバークオリティといえる品質の高さが、顧客からの絶大なる信頼獲得につながったのである。こうした企業姿勢は、やがて企業文化として同社に根づき、終戦後から今も変わらず、顧客から絶大な支持を受ける理由となっている。

地元・神戸大学との産学連携で「油圧」技術を研究

設立から2年後、王子精機工業は「油圧」に取り組みはじめる。油圧は当時、最も有望とされる技術であり、同社は航空機会社の下請け企業といったポジションで、事業に占める油圧の割合を増やしていった。しかし、少なからず課題もあった。その最たるものは同社が展開する油圧技術の先進性を、いかにして担保するかである。

手っ取り早いのは当時、日本より一歩も二歩も先を行く技術を有していた海外企業と組むことだ。油圧の将来性に気づいた大手企業は、競うようにして海外企業と提携していった。一方、王子精機工業は海外企業の技術に疑問符を投げかけ、自社開発に専念する。伊三郎氏が死去した後も独自ノウハウを積み上げ、急がば回れを地で行くように、数年後には技術力でトップレベルの地位に躍り出た。

神戸大学との共同研究に取り組み、現ＪＩＳ規格のベースをつくりあげたことも注目に値する。当時にはめずらしい産学連携という発想と行動、しかも神戸大学と組んだところに、地元への愛を感じずにいられない。

油圧の技術を用いた製品で最初にヒットを飛ばしたのは、小型漁船向けの操舵機であった。当初はプレジャーボート向けに発売されたが売れ行きが伸びず、ターゲットを変更したことが功を奏した。とはいえ、これも最初の一台が売れるまでには、相当な時間を要したという。

小型船の舵を取るのは、いわゆる「棒舵」と呼ばれるもの、何の変哲もない細長い板きれであった。船体の半分以上の長さを占める棒は、船上から多くの作業スペースを奪い、また船頭が自分の手で握り続けなければならないため、そもそも別の作業を行う時間さえ与えられなかったのだ。不規則な波に対応できるよう、舵を握る手には常に力が込められ、神経が休まる時間はない。当時の漁師は帰港する頃には、精も根も尽き果てていたという。一方、王子精機工業が開発した油圧式の操舵機を使えば、あらゆる苦痛から解放される。それがわかっていてもなお、購入に踏み切れなかったのは、一台20万円という高額さに理由があった。タダ同然の棒舵とは、比ぶべくもないのだ。

そんななか、ある一人の漁師が導入したことをきっかけに、小型船向けの操舵機は一気にブレイクを果たす。「これ、いいよ!」「ぜひ、買うべき!」と仲間に勧めたのは、なんと漁師の妻だった。これまで疲労困憊で帰宅していた夫が、せっせと女房の世話を焼くよ

手動油圧操舵装置（船の舵取装置）

うになる。家庭円満のためには、20万円くらいは安い買い物なのかもしれない。井戸端会議で評判は一気に広がり、しかも家計を司る本人（妻）の了承が前提なので決済いらず。売上がうなぎ上りだったというのもうなずける。ちなみに小型漁船向けの操舵機は、日本ではマロール（創立50周年の1988年に名称を変更）がパイオニアだったと考えられている。

民事再生法の適用により、ロボット事業を撤退

マロールと神戸大学の連携で開発した油圧の技術は、画期的といえるものだ。しかし、良いものを作れば売れるという単純な構図は、もはや成り立たない状況であった。では一体、どんな製品を、どういったターゲットに、どうアプローチするべきか。いわゆるマーケティング戦略について、四代目の現社長・兎田朗彦氏は持論を述べている。調査分析も大切だが、最後の決め手となるのは〝勘〟だというのだ。

一度コレと決めたなら、誰が何と言おうと初志貫徹する強い意志。事業展開に悩む経営者にとって、良いお手本になるとは言い切れないが、同社は順風満帆に売上を伸ばしていった。被災により崩壊した工場も、以前のように機能しはじめていた。その姿は、経済低迷にあえぐ神戸に射すひと筋の光明ともいえる存在となっていたのだ。しかし、同社は再び激震に見舞われることになる。２００1年、同社に民事再生法が適用されたのだ。

「被災によって当社の建物が潰れた結果、当然のように債務残高が一気に膨らみました。それを必死になって挽回しているなかで、いきなり銀行から『次の融資はありません』と告げられたんです。正直、そんな殺生な、という思いでした」と朗彦氏。

なにしろマロールは、事業自体は決して不調ではなく、特に大型船舶用油圧リモコンは、しっかりと利益を生んでいた。小型船用油圧操舵装置、エンジンリモコン、オートパイロットの3つの小型船舶操船装置も、儲けを出していたという。

民事再生法に対する再建策は、慎重かつ大胆に実施された。不利益部門のロボット事業を潔く撤退したのだ。

当時、三代目社長だった兎田貞彦氏は、ロボット事業に関して、いろいろ種を撒いていた。なかでも主力製品のロボット・マニュピレーターについては、開発製品を大型に絞り込むことで、先発メーカーとの差別化を図った。大型のロボットは、使用されるシーンが限られており、大手企業が手を出しにくいからだ。

他のロボットに関してもマニュピレーターと同様、多くの人々が注目するメインストリームを避け、ライバル企業が目を向けていない視点や角度で切り込む。この戦略が功を奏し、ニッチな市場を自ら開拓しながら掘り進めていくことができた。こうしてロボット関連事業は、順調な売上を推移していくように思えたという。しかし、じつはそれを維持するには膨大な先行投資と、その継続が必要だった。

新日鉄など高炉向けの一品生産において、ロボットに関するハイレベルな技術が必要とされた。しかし、同社はロボット業界では企業規模が小さく、大きなマーケットは大企業が占めていた。ニッチな世界で成長する術には長けている。しかし、投資は不可欠であり、なかなか後が続かない。継続への意欲はあるが、なかなか利益につながらないのだ。

マロールでは、ここで培った技術を用いて他の商品を開発していた。ロボットの制御コンピュータを船のオートパイロットやエンジンコントロール装置の電子制御に転用していたのだ。しかし、あまりにも投資に対する回収率が低すぎた。

「事業推進への意欲があっても、なかなか利益に結びつかない。どこかで離陸するものと期待していましたが……」

こうしてロボット事業は幕を閉じた。これに伴うリストラにより、従業員は半減したという。マロールが生き残るため、もっといえば巻き返しを図るために避けては通れなかったとはいえ、長く同社を支えてきた従業員のカットは、あまりにも苦渋の決断だった。

民事再生法からの再建には、さらなる痛みが伴うと思われたが、実際には傷口は拡大せず、わずか3年で収束を迎える。それは同社が設立以来、大切に培ってきた取引先との信頼関係に支えられてのことであった。当時、同社の小型船舶向けの商品は、国内シェアの半分を占めていたというから、市場に対する影響力の大きさは想像に余りある。

朗彦氏いわく「どこへ行っても『マロールがんばってくれ』の声が聞こえてくる状況で、当社としては絶対に生産を止めないようにしました。売上は下がりましたが、売掛けの回収でもサポートを受け、おかげで思っていたよりもかなり早く立ち直れたのです」。

民事再生法の場合は通常、債権大幅カットとスポンサー企業がついて、ようやく持ち直すことになる。しかし、マロールはスポンサーを持たず、自力で踏ん張り抜いた。弁護士からも「こういうケースは、聞いたことがない」とまで言われたという。


V字回復を支えた、大手企業からの全面バックアップ

マロールの復興をめざし、わが事のように躍起になって応援してくれた大手企業があった。同社はプレジャーボートや漁船を日本で最も多く扱っており、そのほとんどにマロールの製品が搭載される。朗彦氏によると、同社はそのスケールメリットを存分に活かし、全国ネットをあげてマロールから購入しようと動いてくれたという。北海道から九州まで、同社関連の会合に出席したマロールの従業員は、会場において例外なく温かい励ましの声を掛けられたというのだ。資金繰りがたいへんだろうという配慮から支払いは手形から現金に変えられ、金額的にも従来より売上が伸びたこともあったと話す。

船舶用の油圧技術や制御技術に関わる製品を市場に提供しはじめたのは、マロールがパイオニア的存在だ。その歴史は、その大手企業とともに歩んできたといえる。

「はじめは油圧制御だけでしたが、お客様の声に応えてオートパイロットやエンジンリモコンなど幅を広げていきました。今でこそ競合企業もありますが、手掛けたのはすべて当社のほうが早かったのです。いわゆるトレンドセッターの立ち位置といえるでしょう。つねに最先端の製品を追い求めているその企業とのつながりは深く、おそらく『パートナー企業として潰すわけにはいかない』とのお考えがあったのだと思います」

マロールは魚群探知機や船舶レーダーなどを取り扱う船舶用電子機器総合メーカーとも太いパイプを持つ。同社もまた、マロールのサポーターとして尽力したことは言うまでもない。

小型船舶用自動操舵装置（オートパイロット）

「いろいろな取引先企業の応援に支えられ、マロールは復活できました。足を向けて眠れる方向がありません」と朗彦氏は笑みを浮かべる。

　見事に民事再生を果たしたマロールは、２００５年から２００８年にかけて、まるで復活ののろしをあげようとばかりに、欧米を中心に海外進出に乗り出した。操舵機の関連商品で、ある程度のシェアを獲得しはじめた、ちょうどその辺りに次なる試練が同社を襲う。世界規模の金融危機に、日本経済も大幅な景気後退を余儀なくされたリーマン・ショックである。

住宅購入向けサブプライム・ローンの不良債権化によって住宅が売れなくなったのと同様に、マロールが照準を合わせていた欧米でのプレジャーボート事業も売上が半分以下に急落。また、協力体制にあった現地の投資家が手を引いてしまい、マロールとしても海外からの撤退という苦渋の選択をすることになったのだ。

自社ならではの強みを活かして市場を開拓しながらも、その動きによって信頼性を失う可能性を感じたり、市場規模に疑問が生じた場合は、目の前の利益を棒に振っても躊躇なく撤退する。それはいつしかマロールの信念とも呼ぶべきものとなり、ボート関連事業においても同様の動きをとったわけだ。


アジアは耐久性、国内には定点保持の技術で挑む

1991年からとされるバブル崩壊以降、国内では需要のほとんどが小型漁船だった。しかし、欧米では今も昔もプレジャーボートが主流である。その市場規模は膨大で、国内のボートと漁船を合わせた市場の約40倍にもなるという。チャンスは大きいように思えたが、結局はうまくいかずに撤退したのだ。

国内におけるボート産業は、すでに成熟期といえる。やはり海外進出をあきらめるわけにはいかない。前回の反省点として挙げられるのは、市場を見誤ったのではないかということだ。欧米ではプレジャーボートが主体というのは紛れもない事実。しかし、いくら欧米ではレジャーが盛んとはいえ、プレジャーボートの使用は多くて月に数回程度しか望めない。しかも欧米では「良い品を長く使う」よりも「安価な製品を買い替え続ける」傾向にあり、マロールには不向きといえるだろう。

そこでマロールが目を向けたのは、アジア諸国である。ボートの利用目的は、サイズの大小にかかわらずビジネスが主体だ。商品の輸送用として、あるいは日常的な足代わりとしてボートは毎日、時には24時間稼働することもある。海や河川とともに暮らすアジアの人々にとって、ボートはライフラインといっても過言ではないのだ。

そうなると、ボートに求められる最も重要な性能は「耐久性」ということになる。とことん品質を追求してきた当社には、ライバル企業より一日の長があるのは明らかだ。マロールブランドの特徴である高コストで高価格も、プロ向け市場に向いている。

アジアにおいては、ボートは今なお高級品であり、中古品が主流を占めている。文化度の向上とともにニーズも高まりつつある成長過程の市場であり、マロールでも状況に合わせたアプローチを行っている。朗彦社長は現在を「マロールを認知させる時期」と位置づけ、将来的に高い値段でも売れるものとしてPR活動を行っている。マロールのロゴマークがハンドルの中央につく点については、営業戦略的に幸運といえるだろう。

国内市場に目を向けると、プレジャーボートにも、オプションとして操舵場所を追加するケースが増えている。エンジンリモコンの進化版として、最近は「釣楽リモコン」が人気だ。なかでも洋上に浮かびながら、つねに位置取りを調整して同じ場所に居られる「定点保持」の技術がクローズアップされている。人工衛星の数が増えるにつれてGPSの精度は急速に向上中。今後、精度が1メートル未満になれば確実に船を停められると考えており、現在、さらなる品質向上に向けて研究活動に余念がない。

「定点保持」の技術は、海上の安全にも活かすことができる。たとえば、ある船が洋上で火災に遭っていたとする。ここで出番となる消防艇に、マロールの技術とIoT技術を組み合わせた先進テクノロジーが活かされるのだ。日進月歩の勢いで精度が高まる人工衛星から、消火活動に最適な位置を確認。操船装置や操舵機と複数のスラスターをネットワークでリンクさせ、統合制御で定点保持を実現する。放水銃の威力が高いほど反動が大きく、逆方向への推進力が働くなかで、リアルタイムに微調整を行い、狙う場所への消火活動を行えるのは画期的といえるだろう。

朗彦社長は「定点保持の技術には、まだまだ多様な使用場面が考えられています。今後、マロールの新たな看板製品となっていくはずです」と力強く語ってくれた。

まいど教授のクローズアップ!

マロールの船舶関連製品には、国内においては競合の存在しないものも多い。そのほとんどは三代目の貞彦氏が描いた図面がベースとなっているものの、現社長の朗彦氏の創意工夫があってこそ色褪せずに輝き続けているのだ。

「どの分野においても言えることですが、先駆者利益はいつまでもあてにできるものではありません。つねに次のものを見ていくしかないのです。自社の開発した新技術を、ネクストステージに向けてのコア部分として育てていく。新しい付加価値をつけて、どんどん先に展開していくことが大切です。立ち止まっている余裕はありませんね」。そう語る朗彦氏の決意は、強く握られたこぶしに見てとれた。

一般的に漁船の船体は寿命が長く、買い替えるまでにエンジンや操舵装置を入れ替えることも多い。別の船体を購入する際には、エンジンや操舵装置は必ずといっていいほど新品の製品に載せ替えるのだ。しかし、マロールの操舵装置は驚異的なタフさを誇ることから、新しい船体に対して、以前から用いている操舵装置をそのまま移行することが少なくないという。朗彦社長は「買い替え需要の機会を自ら逃している。明らかにオーバークオリティだ」と自嘲してみせるが、マロールが大切にしてきた顧客第一主義を引き継ぐ証であり、今後もこの方針を転換するつもりはない。

マロールの操舵装置のタフさは、海外でも証明されている。たとえば極寒と荒波で知られるアラスカの海。同社の営業範囲では決してないのだが、複数の船体にマロール製の操舵装置が用いられており、パーツを取り寄せたいとの連絡が絶えないという。使用年数も長く、半世紀以上も前の場合も少なくない。

いい意味でのオーバークオリティを支えるのは、これも過剰と思えるほどのメンテナンス体制だ。同社の倉庫には山のように膨大な量のパーツが眠っており、創業間もない頃から呼び覚まされる時を待つものもある。

朗彦社長は「保管の場所も取るし、効率もよくない。しかし、お客様の利便性を考えると、廃棄処分という選択肢は絶対にない。ほとんどのパーツが阪神・淡路大震災による被

マロールの本社・工場

災を免れたのも、なにかの啓示かもしれません」としみじみ語る。

そんなマロールの経営方針は、この一言に集約される。“We have NEXT.”だ。企業スローガンにもなっているこの言葉が唱えられたのは1988年、創業50周年の時だ。当時にしては、かなり斬新である。

この英文には、さまざまな思いが込められている。「先を見ている」「次の商品を持っている」など。朗彦社長は、「先代による『自社をカッコ良くしたい』『海外進出したい』の思いも感じられる」と話す。

従業員のマネジメントについては「人はそれぞれ、考え方が違う」「無理に自分の考えを押し付けない」「ダメな時は、軌道修正をする」といった考え方を持ち、これらも先代から受け継いだものだという。製品開発に関しては、言葉でこそ言われていないが、常日頃の行動から伝わってきたものは「安物をつくるな」「二番煎じもダメ」だということであり、それも言わずもがなとして受け止め実行している。

朗彦社長は現在59歳。現役はまだまだ続く。そして今後もトレンドセッターとしてのポジションはキープしていくという。マロールの過去、現在、未来。すべては“We have NEXT.”に通じている。

6 株式会社バーテック

左から前社長末松大幸氏、現社長末松仁彦氏、著者

本社：
〒534-0027　大阪市都島区中野町1丁目4番12号

TEL：06-6352-6841　**FAX**：06-6352-6853

URL：https://www.burrtec.co.jp/

創業：1943年（昭和18年）10月10日

設立：1962年（昭和37年）7月1日

資本金：4,500万円

事業内容：
工業用特殊ブラシ・衛生管理ブラシ及び虫防鼠シールブラシの設計開発・製造・販売

代表取締役社長：末松　仁彦

認証規格：ISO9001
2018年、2019年、2020年「働きがいのある会社」ランキング「従業員25—99人部門」ベストカンパニーに選出
2019年「防虫対策用ブラシ」、「衛生管理用ブラシ」において、HACCP International 社の製品認証を食品工業用ブラシ業界で初めて取得

たかがブラシ、されどブラシ。可能性を模索し続けるソリューションカンパニー

1962年7月、工業用ブラシの製造・販売からスタートした株式会社バーテック。母体となる京阪刷子製作所の創業から78年の歴史を持ち、現在は三代目の末松仁彦氏が代表取締役社長を務めるファミリービジネスカンパニーだ。

ブラシといえば清掃など衛生管理用の商品が思い浮かぶが、同社では異物除去や防虫対策など、ブラシという製品を用いることで可能となる、多種多様なソリューションを提供。磨く、保護する、隙間を埋めるなどを目的とする革新的なブラシ開発のほか、ブラシを植えて絵を描くブラシアートにも挑んでいる。

理想的な社内体制づくりにも積極的で、2018年版 日本における「働きがいのある会社」ランキング（Great Place to Work® Institute Japan）小規模部門（従業員数25人以上、99人以下）にて、初参加でベストカンパニー入りを達成。2019年11月には「防虫対策用ブラシ」、「衛生管理用ブラシ」において、HACCP International 社の製品認証を取

得しており、これは食品工業用ブラシ業界では初の快挙である。

私が同社を知ったのは、ある「事業承継セミナー」がきっかけである。セミナーの講師を引き受けた際、事例として同社を取り上げ、二代目の前社長、末松大幸氏と懇談させていただいたのが最初であった。以来、公私にわたって親交を深めており、企業理念、社員教育、市場開拓など、混迷する世界を独創的な指針で乗り越えようとする姿に接して、皆様に紹介したいとの思いに至ったものだ。

徹底した納期厳守が土台を築く

京阪刷子製作所（のちの株式会社バーテック）の創業者、末松冨三郎氏は、4男3女からなる7人兄弟の長男として生を受けた。次男が興した末松刷子《ブラシ》という会社の共同経営者として業務に携わるものの、やがて独立を宣言して袂を分かつ。1962年には「京阪ブラシ工業株式会社」として再出発を図ったのである。

当時は刷毛の販売先の多くが船具店、塗料店であり、四国や中国、九州がマーケットという状況において、冨三郎氏にとっての最大の悩みは納期だった。番頭格の亀岡貞子氏も「納期が大事。納期さえ守れば、お客様は離れない」と話している。その徹底ぶりが取引先との信頼関係を育み、企業としての揺るぎない土台を構築する。しかし、昼夜を問わず駆け回る創業社長としての奮闘が、病魔に付け入る隙を与えてしまったのかもしれない。進行中だったすい臓がんが悪化し、1970年9月、冨三郎氏は天に召された。

二代目社長の企画力と行動力がヒット商品を生む

早過ぎる社長の交代劇から約10年、長男の大幸氏は経営者としてさまざまな能力を発揮していた。特筆すべきは企画力である。大手化学電気素材メーカーのM社の工業用ナイロン不織布製品と自社商品をセットにして「バリ取り革命」というキャッチフレーズをつけ販売したところ、顧客からの関心を集めることに成功した。ブラシ製品は通常であれば在庫として倉庫におくことがほとんどであるのに、店頭に並べられるようにブリスターパック仕様にしたところ大いに売れた。その要因は、新製品をラインアップに加えたことと、これまでにないスマートさ、目につきやすさを実現したことにあるといえる。

これに気を良くした大幸氏は「グレンカップブラシ」という製品についても自社ブランドで交渉して売り出すことに成功した。製造契約にはそれ相応の数量が必要であった。そこで大幸氏はグレンカップブラシの販売目標数字を記した看板を社内に掲げ、営業マンを

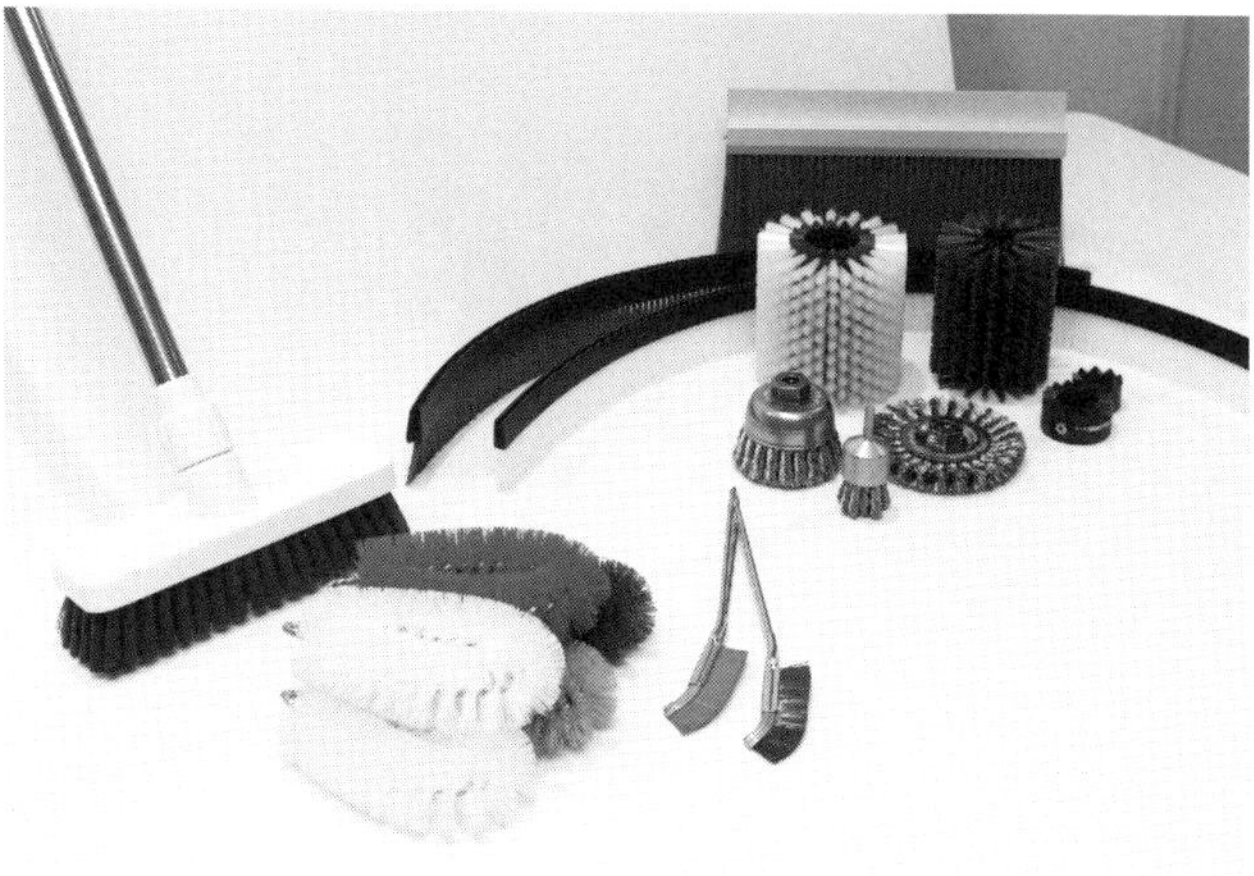

食品工場向け衛生管理ブラシ（左）、工業用ブラシ（右）

鼓舞した。ナイロン不織布でできたグレンカップブラシの新規性も注目を集め、これまでにないヒット商品として市場を大いににぎわせたのだ。

しかもワイヤーブラシより安全性が高く、研磨対象物に傷をつけない特性は、価格面の事情や使い慣れているといった理由で選ばれているワイヤーブラシと競合しなかった。そればかりか、グレンカップブラシとワイヤーブラシのどちらも売れるという嬉しい結果につながったのである。

さらに高品質なブラシを求めて海外に目を向けるようになる。１９８５年の夏、渡米した大幸氏は運命的な出逢いを果たす。相手は、アメリカの大手ブラシメーカー、Ｗｅｉｌｅｒ（ワイラー）社の社長、カール・ワイラー氏である。ブラシを大切に思う気持ちで通じ合えた両者は、さっそく取引関係を成立。同社製で世界最高水準にある金属製パワーブラシが、京阪ブラシ工業の取り扱う製品のラインナップに追加されたのだ。

品質に比例して価格も高いことがネックではあったが、大幸氏は決してひるまなかった。「完全なバランスと長寿命。私が見る限り世界最強のパワーブラシが日本で売れないはずがない」。国内市場にはなかった高品質に絶対的な自信を有する大幸氏は、大規模な広告戦略を展開。展示会や販売店の店頭では、ユーザーが各種のブラシを見比べやすいようレイアウトするなどの工夫が功を奏し、少しずつではあるが着実に販売台数を増やしていったのである。

社名変更に込められた革新への決意

取引先数、製品ラインアップ、売上高……。いずれも上昇カーブが続く同社は、周りから見れば順風満帆そのものに見えた。しかし、大幸氏にとっては、まだ満足のいくものではなかったようだ。

「京阪神地区でブラシを作って売るだけでは不十分ではないか。お客様の現場に入り、顕在的あるいは潜在的な問題を発見し、それらを解決することで喜んでいただけるブラシを作って提供する。そうした商品開発とサービスのスキルを磨き上げ続ける。お客様に喜ばれれば喜ばれるほど、もっと喜んでいただきたくなる。そんな思いが高まっていく時期でした」と、大幸氏は当時の心境を語る。お客様から「単なるブラシ屋とは思われたくない」という思いも深まっていったという。もちろん染みついたイメージを払しょくするのは簡単ではない。しかし……。

念ずれば通ずという言葉のとおり、大幸氏は絶好の機会を迎えることになる。それは社屋の建て替えであり、これに伴って社名を変えれば、会社のイメージも変えられるはずだ。1988年、同社は社名をバーテックとし、新社屋とともに新たなスタートを切ることとなる。バー：Burr（厄介な問題）をテック：Technology（技術）で解決するを語源とする社名は、そのまま大幸氏の決意表明でもあった。

「働きがいのある会社」ランキングのベストカンパニー

以降、同社はあらゆる面から、取引先の満足度向上を旗印に、自社をブラッシュアップし続けている。2003年にISO14001環境基準の認証を、翌年にはISO900

コロナ禍のなかでのZoom併用の事業発展計画発表会

1品質基準の認証を取得。大幸氏は、その過程でめぐりあった「コーチング」に傾倒し、今では自らコーチングの会社を創業し、世代交代時期の中小企業経営者向けに支援活動を行っている。

２００７年には、入社5年目の長男、仁彦氏が三代目社長の座に就任。大幸氏より受け継いだバイタリティと、弱冠27歳（当時）のフレッシュな感性は相乗効果をもたらすブラシとなって、バーテックをさらにピカピカに磨き上げていく。

２０１４年には「働き方改革」に取り組みはじめ、産前・産後休業や育児休暇の導入、さらには会社と従業員の関係を深めるイベントも実施。全員参加型経営を目指して、ユニークな勉強会や合宿を実施することで、ワンチームとしての連帯感を醸成している。

これらの結果、2018年度版「働きがいのある会社」ランキングの小規模部門においてベストカンパニーに選出されている。2019年には、経済産業省および日本健康会議より、社員の健康管理を経営的な視点で考え、戦略的に取り組む法人として「健康経営優良法人2019(中小規模法人部門)」に認定。一般財団法人日本次世代企業普及機構が実施した「ホワイト企業アワード」においては、「企業理念共有部門」で受賞しているのだ。また同年、「防虫対策用ブラシ」、「衛生管理用ブラシ」において、HACCP International 社の製品認証を食品工業用ブラシ業界で初めて取得。前社長である大幸氏が会長として見守るなか、三代目社長就任から13年を迎え、自分なりの社長像を見いだしつつある仁彦氏の描く未来図は、無限大に広がっている。

顧客の立場からの見直しに活路を開く

バーテックにとって最初のターニングポイントは1971年に訪れた。それは冨三郎氏が他界した翌年のことである。

新社長となったばかりの大幸氏はライバル企業との価格競争に巻き込まれていた。主力商品である塗装刷毛に独自のセールスポイントを見いだせず、じり貧の一途をたどっていたのだ。そんな時にめぐりあったのが大手化学電気素材メーカーのM社であり、初めて知った「代理店」という仕組みと、代理店教育の中で学んだ顧客の声を大切にする「マーケティング理論」に打開策を見いだしたのである。

刷毛を用いている現場を詳しく知るために、大幸氏自らが足を運び、作業の様子を見て、どんな刷毛が欲しいのかという意見を熱心に聞いた。思いがけない要望も多く、自分でも気づかぬうちに新たな刷毛づくりに熱中していたという。同社の主力商品が刷毛から工業用ブラシへと転換したのもこの頃だ。経営者が変われば企業も変わる。バーテック（当時は京阪ブラシ工業）としての物語の第二幕が切って落とされた瞬間でもあった。

マーケティングのおもしろさに目覚めた大幸氏は、慶應義塾大学経済学部の通信教育課程に入学。学びの場はもっぱら出張先の旅館であったが、誰にも邪魔されることがないことから、かえって好都合だったという。遠方へ向かう社用車には、いつも本やノートを段ボール箱に入れて持ち運んでいた。経営学、行動学、統計学といった学びの中で「差別化」という概念を知り、自社ブランドの開発に乗り出したのだ。

顧客の声を100％反映するにはオーダーメイドの必要があったが、創意工夫と手間を価格に転嫁するのは難しく、長くは続かないと判断。一点物の製作から共通するニーズをつかみ、自社ブランド品として開発し、規格化して在庫を備える手法を生み出した。現場が理想とする製品をスピーディーに納品できる体制を整えることで顧客との信頼感が高まり、やがて大卸との取引にも結びついた。これを弾みに、同社は飛躍的な発展を遂げることになったのだ。

生産活動を外注化し、研究開発に賭ける

プロダクトアウトからマーケットインへといった意識改革も断行した。これまでの「京阪神地区でブラシを作って売る」会社ではなく、「お客様の問題をブラシで解決する」会社へ。当時はまだ耳慣れない言葉であった「ソリューションビジネス」に早くから取り組むために、徹底的にお客様の現場に入り、不満や要望を直接ヒアリングした。長年にわたり培ってきた経験やノウハウ、技術力で、製造現場の利益と笑顔を増やすことに貢献しようと懸命に努力した。

「〝ユーザーの声〟それは私たちの財産です。」といったフレーズは、バーテックがソリューションビジネスを継続・発展させていくためのキーコンセプトとして、今後も脈々と

受け継がれていくはずだ。

このソリューションビジネスを軌道に乗せる過程で、ブランド価値を向上させるための戦略を練り、またファブレス経営といった大胆な方向転換も行った。ファブレスとはFab（工場）がLess（無い）という意味であり、自社で生産設備を持たない経営方式のこと。生産設備に資金を投入する必要がなく、研究開発に集中できるので、市場の変化に対応しやすく、独自性のある製品開発が可能となったのだ。

導入事例集のもたらす意外な効能

適材適所のブラシ開発・提案により、多くのお客様の問題を解決している現在、その一つひとつを貴重な教訓として生かすための「導入事例集」を制作。販売店の販促資料として、あるいはパーテックのブラシの採用を検討しているユーザーの意思決定の参考資料としても役立っている。

導入事例の取材は営業活動の柱の一つとなり、完成した事例集は採用活動や教育訓練、販促物、展示会のツールとしても活用されている。導入のきっかけから過程、結果までが掲載されていることで、同社がお客様や社会へ貢献した証ともなっており、従業員のモチベーション維持・向上にも大いに役立っている。これはバーテックが「働きがいのある会社」や「ホワイト企業アワード」などに選出される根拠でもあり、事例集を通じた情報発信が続く限り、同社の快進撃はとどまるところを知らないはずだ。

まいど教授のクローズアップ！

社長とは何か。経営とは何か。大幸氏は自問自答を繰り返しながらも、若手社長としてチャレンジングな精神を失うことはなかった。オリジナリティのある商品、効果的な広告戦略、使い勝手のいいカタログ製作、商品のセット販売……。トライ&エラーを繰り返しながらも、着実に前進している手応えはあったという。そうしたなかで、大幸氏の中で一つの思いが固まっていった。

「私たちの仕事は、ブラシを売ることではない。お客様のお困りごとをブラシで解決することだ」

おぼろげだった思いが確固たる信念に変わった時、大幸氏はこの考えを社員教育でも徹底して教え込むようになった。そのためには顧客の声に対して徹底的に耳を傾け、さらに本人の気づかぬ潜在的な不満まで見抜いて、最適な製品を製作・提供する必要がある。当時は誰の耳にも聞きなれなかった「ソリューションビジネス」を先駆的立場で実践することにより、海図なき世界を進む針路を見いだしたのである。

それまで世の中の常識だった「良いモノは必ず売れる」といったグッズ・ドミナント・ロジックから、「製品を通じてサービスを提供する」サービス・ドミナント・ロジックへの舵取りは、同社をまごうことなきブルーオーシャンへと導いたのであった。

7 ヤヱガキ酒造株式会社

長谷川雄三会長（左）と著者

本社：
〒679-4298　兵庫県姫路市林田町六九谷681

TEL：079-268-8080　**FAX：**079-268-8088

URL：https://www.yaegaki.co.jp/sake/

創業：1666年（寛文6年）

資本金：3,000万円

事業内容：
清酒、焼酎、その他酒類の製造および販売。自社商品及び技術提携による新商品開発

取締役会長：長谷川　雄三

代表取締役：長谷川　雄介（代表取締役社長／CEO）

認証規格：ISO9001、JUSE-HACCP:2014

磨き抜いた一粒の力、「純米酒」に世界が酔いしれる

江戸から令和へ、愛され続けて3世紀半

大きい会社になりたくない。ベストな会社になりたい──。じつに味わい深い表現で経営方針を話すのは、澄んだ空気と美しい水に恵まれた播州・姫路に位置するヤヱガキ酒造の長谷川雄三会長である。

同社の創業は、今から350余年も前のこと。藤原鎌足33代目の子孫、長谷川栄雅が1666年（寛文6年）、播磨国林田（現 姫路市林田町）に開いた酒屋がルーツである。江戸時代から戦後までは清酒造り一本に打ち込んできた。清酒に加えて焼酎も生産を開始し、1963年にはそれまでの長谷川合資会社からヤヱガキ酒造（株）へ変更する。独自に醸造用の機械を製作したところ好評を博し、1967年にはヤヱガキ醸造機械（株）を設立。天然系色素事業からは1979年にヤヱガキ醗酵技研（株）が、1988年には全体の総務・経理・電算部門を統括するヤヱガキジャパン（株）が誕生し、現在は国内グループの統合を含め全部で3つのグループ会社が稼働している。

清酒造りだけでなく、天然系色素の製造や醸造機械の製造など業容は拡大している

雄三会長は、１９７７年に入社。１９８８年にヤヱガキジャパン、１９９０年にはヤヱガキ酒造からヤヱガキ醸造機械、ヤヱガキ醗酵技研まで全社の代表取締役社長に就任し、２０１６年には代表取締役会長に就任した。

ブランドの価値を維持する極意とは？

多くの経営者が企業の大規模化を目指すなか、社長を務めていた頃も、会長となった現在も、あえて「大きくなりたくない」と話す雄三氏。このことは以前の勤め先が、従業員数万人規模の大企業だったことに由来する。自分の仕事が、どうしてもたくさんある歯車の一つに思えてしまい、やりがいを失いがちだからだと話す。

経営者としても、やりたいことをやり抜くには、ちょうどいいサイズ感があるという。企業規模が大きくなればなるほど、どうしても「守り」に入る局面が増えてくる。その結果、質を落とした低価格路線でその場を乗り切ったものの、せっかく築き上げてきたブランドの値打ちを下げてしまった……。そんな企業を何社も目の当たりにしてきた雄三氏は、それらを反面教師にしたいと話す。大手の下請けではなく、資本も入っていない、自主独立したファミリービジネスだから可能な特権でもある。

成長戦略を支える独立会社政策

一方、企業としての成長には、これまでも、これからも意欲的に取り組むという。大規模化＝成長ではない、との考え方である。雄三会長は同社の成長戦略について、次のように語ってくれた。

「まずは事業の多角化です。会社を（前述のように）3つに分けた独立会社政策を講じており、なかでもヤヱガキ醗酵技研は、酒造りの技術を応用して培養に成功した食品用紅こうじ色素をはじめ、天然系色素の製造及び販売を行う企業として、多くの食品・飲料メーカーに支持されています。これに甘えることなく、それぞれが単独で利益を出すことにこだわっていることも特徴です。グループ全体の体力を強化することと、社員の士気を高めることに役立っていると自負しています。もう一つは、本業である酒造り事業の活性化です。もちろん得意分野ですが、市場自体が成熟しているために、さらなる成長は一筋縄ではいきませんが……」

今さら言うまでもなく、日本酒製造業界は苦境に立たされている。ビールや焼酎など日本酒以外の酒類、特にワインの人気に押され、左党は今や死語となりつつある。特定の銘柄がスポットを浴びることもあるが、市場としては縮小傾向にあり、少子化による人口減少が拍車をかける。雄三会長は「守り」の姿勢には入らないというが、勝算はあるのだろうか。

アメリカ人が舌なめずりするヤヱガキ原点の味

雄三会長が見据えるヤヱガキ酒造の生きる道。それは海外市場の拡大である。和食人気の高まりを受けて、世界各国の日本食レストランで、和食に合うアルコールとの位置づけで日本酒が好まれる傾向にあるからだ。

「インバウンド観光客が、わが国伝統の和食とともに日本酒を味わい、その美味しさに目覚めるケースが多いようです。失礼な言い方ですが、自国で口にした名ばかりの日本食と日本酒に嫌気がさしていた外国人が、本場日本でカルチャーショックを受け、本物を求めるようになってきたのです」

こうした時代を予見していたかのようにアメリカへ進出しているのがヤヱガキ・コーポレーション・オブ・USA（YCU）である。1999年に設立された同社は、アメリカ産清酒をこれまでのように在米日本人だけでなく、すべてのアメリカ人に販売する計画を進行。日本から輸出の純米大吟醸「無（む）」とともに全米に販売している。

もちろん、同様の発想で海外に工場を設置した清酒メーカーも少なくない。しかし、そのほとんどが撤退を余儀なくされているという。その差はズバリ〝味〟であり、本物志向の追求に他ならない。アメリカ産の日本酒であっても使用する米にこだわり、同社の原点である「ちょい辛の純米酒」をブレることなく提供し続けているからだという。同社のこうした酒造りは、IWSC（国際酒類コンクール）での金賞ならびにベストインクラス受賞など世界的に認められている。

サケを第4のリカーに、ムッサケを世界共通語に！

手造りの「こうじ」

さて、国内市場において、日本酒の需要が供給を大幅に下回るのは、近年始まったことではない。特に競争が激しかったのは1970年代ともいわれているが、当時の社長だった義父・長谷川勘三氏はユニークな戦略を打ち出していた。それは本人によって〝空域論〟と名づけられている。日本酒を戦闘機になぞらえるなら、低空飛行であれば地上からの射程距離が近く撃墜されやすい。上空であれば弾は届かず、ライバルも少ないというわけだ。

日本酒本来の姿である米と米こうじ、水だけを原料とした「純米酒」にこだわるヤヱガキ酒造は、当時全く普及していなかった高嶺の花であるからこそ高い空域で羽ばたけると考え、同じく「純米酒」を扱う蔵元と「純粋日本酒協会」を設立。純米酒の地位を確立し、海外進出の礎としても役割を果たしている。それこそ見事に国内の空域を飛び越えてみせたのである。

雄三会長いわく、同社の看板商品『無』は、アメリカでも大好評だと話す。

「いまや『日本酒なら何でもいい』というのではなく、銘柄指定するファンもたくさんおられます。無と酒を合わせて『ムッサケ』とオーダーされているようです。将来的にはビール、ウイスキー、ワインに次ぐ第4のリカーとしてサケ（日本酒）が位置づけられるようになってほしい。世界のどこへ行っても『サケといえばムッサケ！』と呼ばれるようになることが、これからの夢です」

※2020年10月、ヤエガキフード&システム株式会社は、ヤエガキ酒造株式会社に統合、電子商取引（EC）に注力。

まいど教授のクローズアップ！

「伝統は革新の連続」とは、産業界でよく知られた言葉である。3世紀を超える伝統を誇るヤヱガキ酒造も例外ではなく、それどころか、常に清酒製造業におけるパイオニア的存在であった。人力から機械力へと清酒造りが大きな変革を迎えたのは昭和30年代とされているが、ここでも先陣を切った企業の一社としてヤヱガキ酒造は名を残している。

その頃、同社は新しい杜氏に年序を超えた人物を抜擢。酒しぼり機械が改造され、洗瓶機が導入される。蒸米の移動を人力からベルトコンベアーに、仕込み桶は木桶から大型ホーロータンクに変更。自社用に開発された長谷川式醸造機械は外部販売をスタートし、業界の発展にも大きく貢献したのだ。同社自体も生産量を順調に増加させ、かつての目標だった年間1000石を突破し、1966年12月には1ヵ月だけで1016石の販売を果たす。これは現在も破られていない、同社史上最高の記録である。

高度成長時代に陰りが見えはじめたことへの方針転換も素早く、かつダイナミックだった。低価格米を原料に機械化された工程で作る方式から本格派路線へと180度転換。米には酒造好適米の山田錦を採用し、蓋麹法を復活させて純米酒を主流としたのだ。しかも当時の社長だった勘三氏は、酒造りの現場に対して、「原料米のコストや生産効率を無視するように」と命じたというから驚きだ。以来、今日まで最高の米を贅沢に使い、最高の酒造りを行うことが鉄則となっている。

長谷川雄三会長は、「企業とは〝企てる生業〟である」と話されたが、ヤヱガキ酒造の歴史は、まさに企ての連続だったように思える。近い将来における清酒のあり方については、ただ単に美味しいモノから、誰と何処でどんな雰囲気で味わうかといったコトに比重が移るだろうと考えており、そうした対策の企てにも余念がない。

本文中の独立会社政策も、独創的な企てといえるだろう。独立会社の一つ、ヤヱガキ醗酵技研が食品用紅こうじ色素を開発したことにも触れているが、そもそもは酒を醗酵するのに必要な「こうじ」のカビに着目したことが始まりである。これら天然系色素について、現在もなお、さらなる品質向上を追求。色褪せしにくい色素や、油を含むあらゆる素材に透明に溶ける色素など商品数は400種を超え、さらには天然調味料や機能性食品の原料なども開発・製造している。ヤヱガキ醗酵技研だけでなく、グループ全体の新商品・新技術開発を担っているのが色素&素材研究会開発部と機能性食品研究開発部であり、最先端技術で日本酒を含む食品バイオに関する未来を切り拓いている。

アフターコロナにおいては、時代の進化するスピードが2倍にも、3倍にもなると予測されるなか、同社はこれまでと変わらず独創的な企てを糧に、常に先陣を切って走り続けているはずだ。

8 ユーシー産業株式会社

永吉清治会長（右）と著者

本社：
〒532-0081　大阪市中央区南船場1丁目18番17号

TEL：06-6261-8870　**FAX：**06-6261-8875

URL：https://www.evuc.co.jp/

創業：1963年（昭和38年）

設立：1967年（昭和42年）

資本金：1,000万円

事業内容：
フレキシブルホース・パイプ製品の製造販売

取締役会長：永吉　清治

代表取締役社長：永吉　昭二

認証規格：ISO9001、ISO14001

1977年「中小企業庁長官賞」受賞
1979年、1989年、1993年、1995年「大阪府知事賞（優秀発明者表彰）」、受賞
2009年「"超"モノづくり部品大賞（機械部品賞）」受賞
2014年「黄綬褒章」受賞

地球の自然と企業経営にやさしい、〝管〟境問題のスペシャリスト

独自開発のカフス（部品）＋レス（いらない）技術

大気や水質の汚染、生物多様性の減退など地球規模の環境問題が深刻化する一方、その対策には各産業界とも威勢のいい声を張り上げるわりには実行が伴わないようす。そんななか「〝管〟境問題を解決します」を合言葉に躍進を続けているのが、ユーシー産業株式会社だ。

取材当日、以前と変わらぬ柔和な笑顔で迎えてくれたのは、現会長の清治氏。私が最後に同社を訪れたのは、今から約15年前になるが、人のお役に立ちたいとのサービス精神は健在で、あらためて自慢の独自開発製品を紹介してくれた。その最たる例が「カフレス技術」だ。

一般的にホースやパイプなど管の接続にはジョイント部品が必要であり、部品代がかかるうえに、職人の手間が発生してしまう。そこに着目した同社は、管とジョイント部品の一体化を実現。これにより「ジョイント部品が不要」となり、コストと手間を一気に軽減

させた。しかも「曲がる必要のある部分だけ屈曲性を持たせる」こと、さらには「小さな曲げ角度でも座屈しない」というメリットまで生み出しているのだ。

「カフレスは、カフス（部品）＋レス（いらない）ことから名づけました。部品を減らして作業の効率化を図ることは、無駄の排除に直結します。〝管〟に関する問題の解決は、すなわち環境問題へのアプローチでもあるのです」と清治氏は胸を張る。

ユーシーの由来は〝有志〟にあり

1963年（昭和38年）に創業したユーシー産業。初代社長の昭夫氏によるモノづくりは、第二次世界大戦後、地元での大工修行からスタートする。その後、大阪で大工として起業した昭夫氏は、知人を通じて紹介されたプラスチックの中堅大手企業から建て増し工事を依頼されたことが縁で同社に入社。若くして技術部長に抜擢される。20代後半になった頃、ホースの開発製造を担当していた昭夫氏は、それまでゴム製だった洗濯機のホースを樹脂化し、コストを抑えることで生産の合理化に成功。素材に当時はめずらしかったプラスチックを採用したこと、独自の生産方法が評価され、通産大臣賞を受賞する。

同社を退職した昭夫氏が目をつけたのは、当時大ブームだったフラフープだ。ホースの

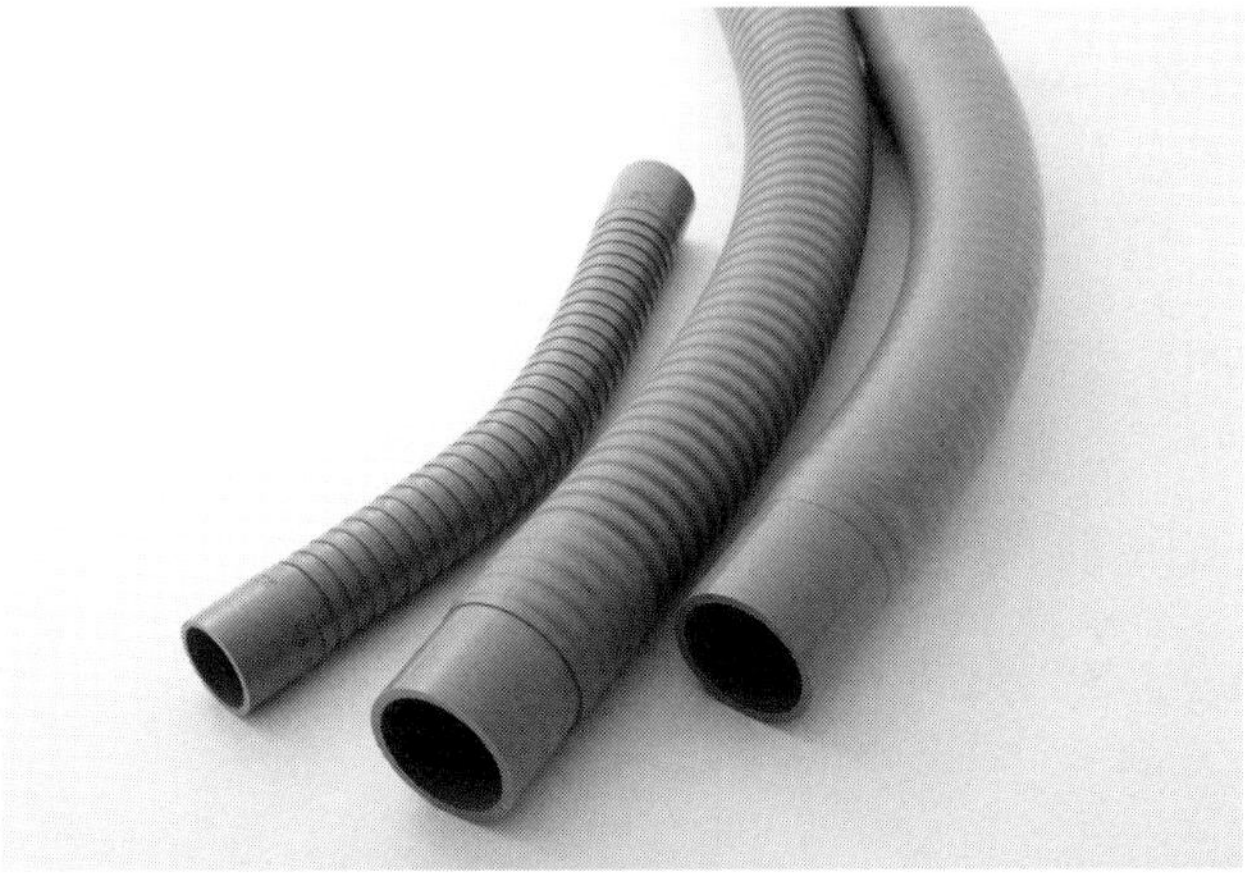

エバフリー製品

成型と変わらないことから「これなら自分にもできる。やってみよう！」と決意。高度な技術を必要とされたが、機械を借りた押出成形の工場には型ができあがっており、昭夫氏が温度調整などの細工を試みたところ、すんなり完成したという。慢性の供給不足にあった市場に与えたインパクトは大きく、同社の玄関にはオモチャ問屋が札束を抱えて並ぶようになったとか。昭夫氏もいくばくかの財を成し、それを資金に起業する。

創業後の滑り出しは順調そのもの、プラスチックのホースが飛ぶように売れていたのだが、好事魔多し。昭夫氏に言い寄ってきた投資家が株の大半を収得。なんと昭夫氏が裁判所から株主総会不存在で出社禁止の通告を受けたのだ。

会社を乗っ取られた格好の昭夫氏が従業員に説明すると、大勢から一緒に退職すると申し出があった。気持ちはありがたいが、一人ひとりに家族があり生活がある。いずれ会社を興すので、それまでは辛抱してほしい。そう話したところ、社長を助けたいとの気持ちから、少しずつ起業資金を出しあってくれたという。そうして興したのが「ユーシー産業」。社名の由来は「ある・こころざし（有志）」であり、これをカタカナにして名づけられたのだ。

大阪のエジソンが大躍進！

現会長の清治氏が産声を上げたのは1954年。先代の昭夫氏が、大阪中を自転車で駆け回っていた頃だ。最初の記憶は四畳半の文化住宅だが、いつしか庭付き一戸建てに。大学卒業時には、会社は年商60億円、子会社も十数社抱える規模に拡大していたという。

成長の原動力となっていたのは、やはり先代のアイデアだった。なかでも大ヒット製品となったのは新タイプのエアコンの排水ホース。それまではホースに断熱材を巻き付ける必要があり、工事作業者はその手間に悩まされていた。そこへあらかじめ断熱材を巻き付けたホースを発明し、それが各家電業者に採用されたという。その頃、昭夫氏は「大阪のエジソン」として、業界内外にその名を響かせていた。その後もアイデアは泉のごとく湧き続け、取得した知的所有権は600以上というから大したものだ。

順風満帆な経営状態に安心していた長男・清治氏は、後継者となることを前提にアメリカの大学に留学。意気揚々と異国の空へ旅立つが、帰国後は同社の変容ぶりに腰を抜かすことになる。

「渡米していた3年の間に、子会社の人が会社のお金を私的に使ったり、本社へ虚偽の報告をしたりといったことがあったんです。私が帰国した時は、すでに子会社を全部閉鎖。しかも子会社の負債を全部抱え、約60億円あった売上が6～7億円までに急降下していたのです。何も知らされていなかった私は『帰ったらベンツでも買ってもらえるだろう』くらいに思っていたので、そりゃあもう驚きました。明日はどうするという状況のなか、先代（昭夫氏）は『何があっても絶対潰せへん。会社が続いてることに意味合いがある。従業員を路頭に迷わさんようにしないかん』と断言したことを憶えています」

かくして清治氏は、ゆとりをもって継ぐはずだった同社の生き残りをかけて東奔西走することになる。もちろん昭夫氏も資金援助を求めて、これまで以上に頭を下げ、汗をかく日々が続いた。

経営の苦しい時に同社の発明品である断熱ホースの特許が切れ、待ってましたとばかりに競合他社が市場に入り込み、それまで全メーカーが取引先だったところが、1～2件を残すだけになってしまったことも。しかし、長男の清治氏という頼もしいパートナーを得た昭夫氏は、大阪のエジソンの面目躍如とばかり、さらなる製品改善を進めると全メーカーが戻り、国内需要の半分以上を押さえるようになる。

新工場設立の功績から二代目新社長が誕生！

こうして製造業として息を吹き返した同社に対し、昔取った杵柄《きねづか》で、製品開発の依頼がやってきた。

「御社は特許を持っているから、それを活かして一緒に開発をやってくれへんか、といった話の中で、大手との特許契約などが数件あり、特許料や契約料が入りました。一番大きいのは、契約一時金で2億円、年間特許使用料で4000万円くらいありましたね」と清治氏は当時を振り返った。

経営状況が好転すると、さらに多方面から新たなビジネスの声がかかるようになる。借地の中で増設しながら続けてきたが、たちまち手狭になってどうにも回らない状況に。あ

ユーシー産業鳥取工場

ちこち駆け回って見つかったのが、鳥取の空き工場。新しい工場で創業したが倒産してそのまま残ったという。土地が約4万5000平方メートル、工場だけで4000坪という大規模で、大阪の機械設備が全部移転しても十分に空きスペースができるほどだ。

1996年、鳥取工場へ本格的に生産拠点を移し、最先端設備を導入。量産体制を整えるとともに、さらなる低コスト化を図った。この鳥取工場立ち上げの際、全面的に指揮をとったのが清治氏。製品の多角化と生産ラインの見直しを図ることから着手し、一定の成果を得たことが評価されて、2001年には社長に就任した。

中国進出に成功！ 4つのポイントは……

新社長にとっては、まさにここからが巻き返しの正念場。利益の出る部門へ生産を特化するか。それとも生産部門を海外展開するか。悩んでいた頃に、思わぬ提案が舞い込んできた。輸出でお世話になった商社と、その商社の知り合いにあたる香港の方から「中国で合弁会社を設立しないか」との打診が届いたのだ。さっそく慎重な調査と並行し、社内会議が開かれた。

当時は家電業界がこぞって中国へ移りはじめた頃だ。最初にM社が広州へ行き、拠点を築いて世界に広めた。しかし、やがてコストが厳しくなり、ユーシー産業の製品を現地調達したいM社から「御社も中国へ来るか、取引をなくすか」の二者択一を迫られる局面だった。危機感を抱いていた同社にとって、渡りに船ともいえるだろう。

しかし、降って湧いたような話に、社内でも意見が分かれた。結果、まず一ラインを増設する程度の投資から実験的に進めてみることにして、状況を確認しながら徐々に本格化していったのだ。2001年には広東省の東莞にM社への供給を前提に工場を開設して、エアコン断熱ホースの現地生産を開始。操業開始まで一年ほどかかり、価格変動で約束していた金額から低くなってしまったという。

それでもなんとかやりくりしていたことが、やがて功を奏することになる。M社に続けとばかり、日本の家電メーカーがどんどん中国に進出。「日本と同じ製品が入手できるのであれば」と中国工場の受注量は急上昇したのだ。翌年には現地に展開しているすべての日系エアコンメーカーに対して供給するまでに拡大を果たし、国内に輸入することにより国内シェアの100%を勝ち取った。一方、東南アジアへの輸出量も増加し、2003年には中国工場を増床・増設して、赤字の解消に成功したのである。

清治氏は、成功の秘訣として次のように話された。

「ポイントは4点あると考えています。まずはじめは、パートナーシップを大切にしたこと。次に、現地を熟知する日系商社や香港企業に自社の力不足をサポートしてもらったこと。3つ目は、技術と従業員の現地化を徹底して行ったこと。最後に、日系企業の信頼を得るように最善を尽くしたこと。これらの一つでも欠けていれば、海外でのプロジェクトは絵に描いた餅に過ぎなかったはずです」

合弁企業の成功によって、ユーシー産業は新たな視点で研究開発企業としての生まれ変わりを果たしたのだ。これに伴い、大きく変わったのが鳥取工場の役割である。従来の大量生産型から高付加価値・少量生産型へと変革を果たし、製品単価にして100倍以上の製品群を開発したというから驚きだ。

決めゼリフは「付加価値を買ってください」

先代の創業時から国内にエアコンが普及し、発明品の断熱ホースの需要も高まっていく。しかし、喜んでばかりはいられなかった。高級品だった頃のエアコンは、ホースの長さにも余裕をもっており、本体から排水口まで4メートルほどを使っていた。しかし、メーカーの合理化でどんどん短くなっていく。ホースが2メートルになれば、金額は半額でいいだろうといった理屈までまかり通る雰囲気ができあがっていたのだ。しかし、実際にはそうはならない。ホースには、両端に部品がついているため、コストはほとんど変わらないからだ。

そこで、同じものを安定して連続して作る押出成形の常識の中で、途中で形を変えるという発想で部品を一体成形したホースの製作にチャレンジ。一体化により両端のカフスという部品をなくした〝カフレス〟の製品化に成功したのだ。さらに、これを当時、普及しはじめていた組み込み式の食器洗浄機用に応用開発。部品不要で座屈のトラブルを解消できるホースとして、全メーカーに採用され、組み込み式の食器洗浄機のホースの１００％が同社製品に切り替わった。しかも特許製品なので他社に真似される心配がなく、一旦採用されると継続受注される安定感がある。技術応用により設備土木用の排水管も開発できた。

当時の状況について清治氏は「現場工事だと、部品が増えれば増えるほど失敗する確率が高くなる。漏水の危険が高まるのです。切ってつないでをなくし、安全率を上げた〝カフレス〟は、まさにニーズに応える製品でした。営業先での決めゼリフは、『付加価値を買ってください』。時間はかかりましたが、お客さんにも納得いただけました」。

手間がかからないことから職人不足をカバーでき、しかもスピーディーに施工設置できる。こうした利点は東日本大震災で必要となった、仮設住宅や汚水処理設備のパイプとしても活躍したという。

付加価値としての商品の値打ちを世界に問う

時代の流れに応じて〝開発主体のメーカー〟から〝販売の強いメーカー〟にならなければ

ばいけないと考えた清治氏は、2008年、本来のユーシー産業をエバック株式会社に改名。資産と特許権を保有し、ホールディング会社とする。ユーシー産業は、製造販売を担当する子会社のポジションとなり、社長に営業責任者であった弟の昭二氏を選任する。清治氏はエバックの社長およびユーシー産業の会長に就任した。

さて、中国の工場に目を向けると、同国の急速な経済発展により、人件費の高騰という事態に見舞われていた。工場のライン数は、一時は好調だったことで増やしたのが仇となり、しかも営業権の更新が切れる時に100万ドル再投資しなければならないことに。結果、中国から撤退の方向で話は進むが、工場を閉めると特許のロイヤリティーが受けられなくなるので、以前から独立したいと話していた中国の工場長に譲ることになった。ユーシー産業は供給責任を保ちながら中国を退いたことになり、同工場は現在も操業を続けている。

今後のビジョン、ドリームを語るうえで、避けては通れないのがグローバル化現象だが、清治氏は中国の工場を任せている者に厚い信頼を寄せ、技術供与および共同開発の契約を行う一方、タイやマレーシアに熱い視線を送っている。

「(中国の)同社が世界に進出し、たとえばホースを数千万本販売した場合、1本に対して1円だけ特許料を徴収してもよいでしょう。実働なくして数千万円の純利が見込める、そうした環境を海外で作っていきたい。国内では、これまで以上に、付加価値としての商品の価格を認めていただける取引先を増やしていきたいですね」と話す清治氏。大阪のエジソンの会社は今、製品の技術開発からビジネスモデルの創造へと発明の幅を広げている。

まいど教授のクローズアップ！

清治氏は取材の最後に、ホースやパイプ業界の魅力を語ってくれた。

「プラスチックのホースやパイプには長い歴史があります。塩ビ管にいたっては、100年近くにおよびます。製品ごとに基準が決まっており工夫の余地はないと思われがちですが、それなら基準自体を変えることでビジネスチャンスがいくらでも生まれてくるでしょう。インフラ整備の部分においては、まだまだ若い発想が活かせるのではないかと思います。それこそ基礎技術が何年もかかった時代と違って、3Dプリンターなどを使えば、今は思いつきですぐモノづくりができる。挑戦から結果までのスパンも短く、失敗を糧にした新たな挑戦、その繰り返しさえも早く行えることで、成功に至る確率はかつてないほど高いのではないでしょうか」

余談であるが2014年、清治氏は黄綬褒章を受賞した。

「これでないとダメ」と凝り固まっている業界こそ、風穴を開けやすいと清治氏。その手本を示す意味でも、ホーステクノミストを自負する同社の〝管〟境問題に対する新たなアプローチに注目したい。

〈コラム1〉

再生への軌跡。超成熟産業の繊維業界から学ぶ

モノづくりにおける見方の変化がもたらすもの

日本各地には500以上の地場産業がある。その多くは衰退産業地域と位置づけられてきた。しかし、「地財（特定の地域産業や業界、あるいは企業に眠っている技術やノウハウ、人材、ネットワークなど）」の存在に気づき、効果的に活用した結果、衰退期から息を吹き返したり、好況を維持し続けている例も決して少なくない。

金属加工で有名な燕三条、播州織で有名な西脇市、鞄の街で知られる豊岡市、刃物の代名詞ともいえる三木市などにおいても、若手経営者は早くから将来を見据えて果敢に戦略を立てている。その戦略こそ、将来を憂う中小企業が学ぶべき指針であり、その本質はシンプルそのものである。

それは「モノづくりにおける見方の変化」に他ならない。「どんなモノをつくるか」と

いった視点から、モノづくりで培ったコンテンツを「どんなコトに使えるか」に置き換えることだ。彼らは繊維を追うのではなく、この地域がどんなスキルやノウハウを持っているか、その中身を知ることによって、「ファジーなモノづくりのメッカ」であることに気づいたのである。

じつは、私は以前から繊維産業に着目している。否応なしに産業界の再編が進むなか、繊維産業は衰退期にあると位置づけられ、将来性が見込めないとさえいわれてきた。しかし私は、自分自身がこれまで取材してきたなかで体感した、繊維産業に携わる中小企業の底力を知っていたからである。親方的存在の大手繊維企業や商社が海外へとシフトチェンジするなかで、各地場産業が右往左往するのは当然だ。しかし、時間はかかるものの自助努力でそれぞれの「地財」を発見し、手探りしながら連携を果たしていくことで力強く再生を果たしているのだ。

また、私は繊維産業について、さまざまな面で超成熟している産業であるがゆえに、日本のあらゆる産業の30年先を描いていると考えている。繊維産業の足跡を検証することで、各産業界は多くの英知を得ることができるだろう。

ここでは、その代表的な事例を紹介しよう。

二代目社長の築いた縦軸と横軸が編み出した新製品――福田織物

一社目は、静岡県掛川市の織物メーカー「有限会社福田織物」である。この辺りには昔、染色工場がたくさんあったのだが、現在は3分の1ほどになってしまった。そんななか、同社は綿100％を誇る高密度の綿織物、打ち込みのしっかりした織物を作っているのだ。

1962年に創業した福田織物は、長年にわたり一般的な綿生地を生産するだけの機屋《はたや》に徹してきた。地域内の関連企業と連携して綿製品を製造してきたのだ。一方、ある加工会社は「長繊維のおもしろい加工はできるが、今までポリエステル100％以外では取り組んだことがない」のが悩みであった。そんななか、「何かユニークな工夫はできないか」と思案した福田織物は、加工会社に対して共同開発を持ちかけたのだった。これに呼応した加工会社は、ポリエステル100％に塩縮加工を施した、これまでにない繊維を福田織維へ送った。

それを見て非常に興味を持った福田織物は、「綿100％での塩縮加工はできないか」と相談を持ちかけ、今度は同社から綿を送ったという。その加工会社にとって綿という素材は未知の領域であり、技術的なハードルも高かったようだが、2、3ヵ月かけて克服。

光透けるストールの評価は高く、都市中心の百貨店でポップアップ（期間限定）販売などを実施

非常におもしろい商品ができたとの自信を持って送り返したのだった。受け取った福田織物の社長はそれを見て「全然違う商品を送ってきたんじゃないか⁉」と思って電話をしたところ、いきさつを聞いて感激したという。綿100％での塩縮加工は、それほどまでに画期的な繊維素材として誕生したのだった。

このようにして技術革新に取り組んできた福田織物であるが、二代目社長の福田靖氏がある決断を下したことにより、流れが大きく変化する。

「当社は高度な技術を有しているが、他社の主導によるものが大きい。今後はこうした状況に甘んじるのではなく、自社が主導して技術開発に取り組むことが重要である」

靖氏は技術の伝承という縦軸を大切にしながらも、地域間連携といった横軸の形成にも積極的に乗り出し、築いたネットワークをフルに活用することによって、糸の入手から企画・製造・販売までを実現する。また、地域間連携の過程において「地財」の存在に気づき、かつて染色が盛んであったこの地域ならではの貴重な情報を収集。自社が中心となって技術開発に取り組み、直接的に染色とは結びつかないものの、高度な技術を集積した「光透けるストール」の製品化に至ったのである。

極細の綿糸ストール「光透けるストール」の開発は、2008年からスタートした。驚きの薄さと軽さ、肌触りを有する同製品は、綿100%でありながら、まるでシルクの心地良さ。世界全体で5%未満しか取れないといわれている貴重で上質な新疆綿《しんきょうめん》を120番手という極細の糸にし、職人ならではの高度な技術によって織り上げたものである。プリントデザインも同社が手がける。

「その光沢感と柔らかさ、滑らかさは、私が入社して30年間、それまで扱ってきたものとは次元が違うほどの衝撃でした。ベテラン職人や社員も驚きを隠しきれず、その姿や表情は今でも鮮明に覚えています」と靖氏は、懐かしそうに当時を振り返る。

2010年からスタートした「光透けるストール」は、オンリーワン商品のポテンシャルを限りなく発揮し、新聞やテレビなどのメディアを賑わしながら頭角を現していく。全国の有名百貨店でも目玉商品となり、いまや世界のファッション界から注目を集める存在になっている。国内外のアパレルメーカーに生地を販売するまでに成長を遂げた今も、社員から社員へと引き継がれるなかでアップデートを続けているという。

昔からあるモノを地財として見直し、新たな息吹を吹き込む——佐藤繊維

数ある繊維会社のなかでも優れた独自性に注目してきたのが、1932年に設立された山形県の紡績ニット会社「佐藤繊維株式会社」だ。オーストラリアや南米産の羊毛原料、南アフリカ産のモヘア原料など上質の糸を強みに、県内の工場を中心に製品を製造。オリジナル製品（M.&KYOKOやFUGAFUGAなど）の販売については、全国に直営店舗を21店舗展開しており、卸での取引先も全国規模に達している。海外にもアプローチしており、有名ブランドのデザイナーやセレブに愛好家が多いことで知られている。

同社が本格的にニットの製造を始めたのは、三代目からだという。現在、社長を務める四代目の佐藤正樹氏は、1966年6月に生まれた。学業を終え、数年の東京でのアパレル勤務の後、家業継承を決めて1992年に帰郷。間もなく佐藤繊維に入社する。しかし、まさにその頃が山形県におけるニット業界の最大のピークであり、翌年から一気に衰

佐藤繊維の紡績工場（紡績機）

退していく。中国をはじめとする海外諸国から輸入される安価な糸や製品によって、市場を侵食されていったのだ。

次期社長を決意したうえで入社した、そのタイミングでの逆風は、一般的には悲劇と受け止められるだろう。しかし正樹氏は、そうではなかった。好況に甘んじた守りの姿勢から脱却するチャンスとばかりに、ＯＥＭ製品を主体とした事業戦略の見直しを図る。自社ブランドやオンリーワン製品を視野に入れ、じわじわと攻めの姿勢へと転換を図っていったのだ。まずは紡績やニットプログラムなど、各部署の基礎知識を修得。同時に、新しい事業方式への試行錯誤を続ける日々が続いた。

イタリアの紡績工場見学や、紡績の総合展示

本社敷地内にあるセレクトショップGEA（GEA#1 1Fの様子）

会（ピッティフィラーティ）のリサーチに赴くのは1997年。そこで見るもの知るものが、その後の企画開発力の源になる。なかでも、ある紡績工場の職人に聞いた言葉が衝撃的だった。「ウチは単なる糸を作っているんじゃない。ファッションの基礎をつくっているんだ」。この言葉に正樹氏は、あらためて繊維産業の使命に気づいたという。2005年の社長就任以降は、それまで以上に新たな原料と多様な機械の組み合わせを繰り返し、やがてオンリーワン製品にたどり着いたのである。

2007年、イタリア／ピッティフィラーティの紡績の展示会へ、佐藤繊維としての念願の初出展を果たす。背伸びして臨んだ感は否めなかったが、思いがけず有名ブランドから高評価を獲得。さらにランクが高いアメリカ、フランスの製品の展示会に出品したことで人気に火がつき、「SATOSENI」は世界に名を知らしめることになったのだ。

オンリーワン製品への思いをカタチにするには、アイデアやパッションというソフトはもちろん、個性的な製品を生み出す製造機械というハードも不可欠である。その点、佐藤繊維には貴重な財産があった。同業他社が大量生産型機械に入れ替えを図るなか、同社には少量だが味のある製品をつくる旧式の機械が残されていたのだ。これらを使いこなし、メンテナンスまでできる熟練の職人を大切にしてきた社風があってこそともいえるだろう。かくして佐藤繊維は、形状や太さ、異なる素材を組み合わせた糸の研究開発に成功し、国内外に販路を広げることとなったのである。

佐藤繊維は今、地産地消をモットーとする飲食店（カフェ&レストラン、和食処）、山形県の作家による食器や化粧品を扱うセレクトショップを運営している。歴史あるもの、今あるものを丹念に見つめ直し、新しいプロダクトやサービスへと昇華させる。これもまた「モノづくりにおける見方の変化」といえるだろう。

有限会社福田織物

本社：
〒437-1423　静岡県掛川市浜川新田771

TEL：0537-72-2517　**FAX**：0537-72-5025

URL：http://fukudaorimono.jp/

創業：1964年（昭和39年）

資本金：800万円

事業内容：
綿織物を中心とした製品の企画開発・製造・国内外のアパレルへの直接販売

代表取締役：福田　靖

佐藤繊維株式会社

本社：
〒991-0053　山形県寒河江市元町1丁目19番1号

TEL：0237-86-3134　**FAX**：0237-86-7716

URL：https://satoseni.com/

創業：1932年（昭和7年）

資本金：5,410万円

事業内容：
ニット製品の製造・販売。糸創り（原糸・特殊形状糸・撚糸・染色等）のトータル工程工場を持ち、オリジナルファッションブランド「M＆KYOKO」等の企画・創作・営業・販売

代表取締役：佐藤　正樹

9 株式會社 excellent（エクセラント）

秋本倫宏社長（右）と著者

本社・工場：
〒577-0004　大阪府東大阪市稲田新町2丁目5番6号

TEL：06-4307-3785　**FAX**：06-4307-3725

URL：http://www.kk-excellent.co.jp

創業：1955年（昭和30年）3月

設立：1963年（昭和38年）12月

資本金：1,000万円

事業内容：
N700系等各種新幹線車両をはじめ、JR、各私鉄各種特急、在来線、ロサンゼルス、ドバイ等、輸出車両用板金部品

代表取締役：秋本　倫宏

認証規格：ISO9001

大胆な設備投資で築いた、競合のいない領域を突き進む軌条

加工機械と職人技、どちらもフルスペック

「のぞみ」「みずほ」「さくら」といえば、鉄道ファンでなくてもピンとくるだろう。N700系新幹線の愛称であり、JR東海・JR西日本・JR九州に広く採用されている。SDGs（持続可能な開発目標）達成に向けたエコロジーの観点からも鉄道が注目を集めている今、N700系新幹線をはじめとする鉄道車両の安全に速く快適な移動を、金属部品の供給から支えるのがexcellent（エクセラント）だ。

「鉄道車両は内外装品、モーター、台車など、部品数が数万点にも及び、その点では自動車と似ています。しかし、生産台数は桁外れに少なく、利用客の多い通勤型でも一系列で数百両に過ぎません。しかも鉄道会社や系列ごとに、カタチやサイズが異なるのです」と話すのは、三代目の秋本倫宏社長。

手掛ける部品の大半が特注品であり、厳しい品質基準をクリアしなければならない。しかも要求水準は、年々高まっていくばかり。それでも確実に取引先の期待に応え続けるこ

とができるのは、3次元の図面作製ソフトやマシニングセンタなどの先進的な設備を揃え、設計から切断、プレスや溶接までを一貫して手掛ける体制が整備されているからだ。

近年、なめらかな曲線美が特長的な鉄道車両が増えるなか、曲げの技術にも絶対的な自信がある。同社は、優美な曲線の多い観光特急「しまかぜ」（近畿日本鉄道）も手掛けているが、それを実現できるのも前述した充実の加工機械群はもちろん、磨き抜かれた職人芸ともいえる社員の技能が存分に活かされているからだ。

国内の車両メーカーが納品しているロサンゼルスやドバイ、ドーハ、カイロなど、海外の鉄道車両メーカー向けの部品を提供しているのも、高度な技術力の証明だといえる。

地財から見いだした、一筋の光明

秋本社長は大学を卒業後、大手不動産会社で営業社員として働いていた。祖父の代から続く木工製品の家具工場「須江成工作所」を父親が引退するとの報を受け、それまではなかったはずの「家業を継ぎたい」といった思いがふつふつと湧き上がり、28歳にして生家に戻る。木工職人として父親に弟子入りすることになるのかと思いきや、事は単純に進まなかった。それまで手作業中心に作られていた机や椅子、タンスが大量生産の時代に移

excellent の本社工場外観

り、父親の引退はそれが引き金でもあったからだ。

仕事は目に見えて先細りしていく。しかし、祖父と父親が心血を注いできた会社は何としても継続したい。そこで秋本社長は、現段階で同社が有している財産は何かを見直すことにする。私が提唱する行動指針の一つ「地財の見直し」である。そこで浮かび上がってきたのは、当時同社が扱う木工製品の中でも数％に過ぎない鉄道関係の仕事であった。

「この先、世の中が大きく変化しても、鉄道がなくなることはないだろう」

「しかもすでに鉄道車両のトップメーカー、近畿車輛から直で仕事を受けている」

この時、秋本社長の狙いは一つに絞られた。

第二創業期のポリシーは「謙虚さを忘れない」

会社の生き残りをかけた新たなレールづくりは、思い切った設備投資からスタートする。親族だけの小さな工場には分不相応ともいえそうな最新式のレーザー加工機やプレス機などを次々と導入。技術力の向上を図りながら、何が何でも納期は守るガムシャラさが近畿車輛からの評価を積み上げ、いつしか「高度な仕事を早く仕上げる企業」として定評を獲得するに至ったのだ。

一方、取材中に秋本社長が何度も口にした言葉、それは「謙虚さを忘れない」であった。これは、それまでの木工家具製造から鉄道関連の金属加工業に本腰を入れ始めた、いわゆる第二創業期からのポリシーである。

当然の話であるが、鉄道車両金属部品メーカーとしては後発に当たる同社には、いきなり安定した受注があるわけがなかった。取引先からの発注量には大きな波があり、自社では手に負えないタイプの仕事も回ってくる。その一つひとつを断ることなく受け続け、時には隣近所の工場に頼み込んで引き受けてもらい、精度と納期を守り続けてきたのだ。

プレスブレーキによる曲げ加工

「数年ぶりに戻ってきた若社長を、我々の手でなんとか一人前にしてやろう」。そんな思いを周囲の経営者からひしひしと感じながらがんばってきた秋本社長には、他社の仕事を奪い取ってやろうとの思いは微塵もなかったのだ。

それでも仕事が増えていった主な理由は2つある。1つ目は、廃業した企業から受け継いだ仕事やヘルプで回ってきた仕事にも、誠意をもって全力で取り組んできたこと。2つ目は、競合相手がいない分野で戦うことだ。

前述したように、他社に先駆けて最先端の機械を導入することで、ある一定レベル以上の仕事は自動的に同社に発注されることになる。ライバルと同じ土俵に立ちながら納期や価格で差をつけようとするのではなく、ライバルそのものがいない違う土俵で勝負するのだ。私が唱える事業スキーム、「差と違い（差から違いへ）」を体現している好例である。

もちろん設備投資には相応のリスクを伴うが、若手時代に不動産業界で鍛えられ、製造現場も経験している秋本社長にとって、営業活動における「より良い仕事を受注しよう」といったモチベーションとなっているのだ。

人材は人財との思いをカタチに変えて

同社の一歩先を行くアクションは、設備投資ばかりではない。2008年3月には、ISO9001認証取得。同年7月には、それまでの株式会社須江成工作所から株式會社excellentに社名変更している。どちらも社員数5名程度の町工場には不釣り合いに思えたが、これを機に社内体制を確立させようという思いの表れであり、名前に見合った企業にしようという社内外に対する決意表明でもあった。大胆とも思える社名変更には、新卒応募者増加というメリットもあり、そのうちの数名は今、中核を担う社員として活躍している。

2014年には設備の拡充によって手狭になった祖業の地から、近畿車輌近くの空き工場に移転。納品や打ち合わせの面で機動力が高まり、両社の関係はより親密になる。敷地面積も大幅に拡大したことでさらなる設備投資が可能となり、生産性の向上に直結しているのも見逃せない。

そして迎えた2019年12月、秋本社長の夢がまた一つ実現した。社内公募によって「ecrila（エクリラ）」と名づけられたその空間は高級ラウンジのような佇まいであり、一般的な社員の休憩スペースとは一線を画している。大小の数字が打ち込まれた時計、アート感覚あふれる装飾品は、鉄道車両部品製造で培った技術を駆使して同社が製作したもの。女子更衣室においては、まるでホテルのドレスルームを思わせる上品さと清潔感が漂っている。

秋本社長の社員を大切に思う気持ちは、社員旅行にも表れている。鉄道利用を組み込むことを前提に、社員とともにプランを作成。電車での移動中は、車窓の景色をそっちのけに、車両内の自社製品探しに没頭する。「ウチが作った製品を発見！」「しっかり役に立ってるなあ」といった声が飛び交い、モチベーションアップにつながっているとか。「名は体を表す」のことわざどおり、同社はあらゆる面で excellent（秀でた・優秀な）な企業と断言できる。

10 大阪技研株式会社

大出竜三社長（左）と著者

本社：

〒580-0006　大阪府松原市大堀3丁目11番12号

TEL：072-333-7288　**FAX**：072-333-2113

URL：http://osaka-giken.co.jp/

創業・創立：1964年（昭和39年）1月

資本金：1,000万円

事業内容：
アルミニウム鋳造機設備及び関連設備製作・販売

代表取締役社長：大出　竜三

一人が何役もこなす中小企業だから可能な特殊技術の融合

河内鋳物師の技と心を継承

かつて河内国・堺県・大阪府にあった丹南郡。その一帯を拠点として活躍していたのが河内鋳物師だ。金属鋳造の技術者集団であり、その最盛期は、平安時代後半から室町時代前半。優れた技術が認められ、源平合戦ともいわれる治承・寿永の乱（1180～1185年）で焼けた東大寺の大仏の修理、さらには鎌倉大仏の鋳造にも関わったとされている。そんな金属鋳造技術者の聖地・河内に隣接する松原市において、鋳物師としての技と心をしっかりと継承しているのが大阪技研だ。アルミニウム鋳造システムの技術開発を行う研究開発型企業である。

「創業当初、お客様である鋳物屋さんが近隣にたくさんあったことは、父親にとって幸運であり、当社が成長するための糧となりました。目の前の仕事に直接関係があるなしにかかわらず、ふだんから鋳物についてお話しできる環境にあり、鋳物の特徴から取り扱ううえでの悩み、改善したい点など、たくさんのことを教えていただいていたようです」

二代目の畔柳基弘氏がアルミ鋳造に特化した頃の様子について、屈託のない笑顔で話すのは、三代目代表取締役社長の大出竜三氏だ。

汗と涙と知恵の結晶が鋳物屋を救う

１９６４年、各種油圧専用工作機、空圧専用工作機、油空圧機器、鋳造金型用シリンダーの設計、鋳造用インサート金具などの製造販売からスタートした同社。１９７６年には、日本国内初の新型低圧鋳造機ＮＯＮ―ＣＲＵＣＩＢＬＥ型の開発、製作に着手している。その後、同社はこの業界で初めて、坩堝（るつぼ＝物質を中に入れて加熱し、溶解や焙焼、高温処理などを行う容器）を使わない反射炉を導入した。

また同社は、それまで経験と勘に頼ってきた鋳造用金型について行う鋳込み加圧制御装置のコンピュータ化に成功。鋳造品の品質のほか、歩留まりを減少化するシステム開発を実現したのだ。

「鋳込み加圧制御装置は、先代から『鋳物屋が困っている』と聞いて私が考え出したもの。取引先に１ヵ月以上も泊まり込みで共同研究に没頭した末に完成させた、まさに汗と涙と知恵の結晶です。最大のポイントは、ソレノイドにありました」と当時を振り返る。

自動車メーカーから贈られた感謝状

ソレノイドとは、電磁力を利用して電気エネルギーを機械的な直線運動に変換する機能性部品のこと。そのコイルのメタルに素材として真鍮を使っていたところ上手くいかず、大出社長がメタルの代替を樹脂で提案したところ大正解。精度が一気に上昇し、摺動抵抗が10分の1にまで下がったという。鋳物屋という消費者の立場からのアプローチが、同社にとってはもちろん、業界における技術的限界点の突破に結びついたといえよう。

　同製品は大手自動車メーカーを中心に爆発的なヒットを飛ばすが、一時期ピタリと止まる。納入先企業が、自社開発に取り組んだためだ。しかし、結局はうまくいかず、再び大阪技研に発注されることになる。

「カラクリがわかったところで真似ができるかといえば、決してそうではありません。なかでも総合的な知識を一つにまとめるスキルが重要であり、それこそ中小企業ならではの得意技です」

スペシャリストが何人いようが、それぞれの特殊技術一つにまとめることができなければ成果にはつながらない。その点、一人の技術者が何役もこなさなければならない中小企業の場合は、相談を受けた本人がさまざま体験から得た知識とノウハウを融合し、最良の答えを導き出せるのが強みだと話す。

航空機産業の技術をいち早く自動車産業へ

さて、自動車業界には今、エコロジーをキーワードに、新たなイノベーションの波が押し寄せている。動力機関をガソリンエンジンから電気モーターへ移行するに伴い、外装などの金属部品について強度を保ちながら、さらなる軽量化を図ろうとするものだ。

大出社長によると、アルミは鋼材と同様に400メガパスカル以上、マグネシウムは鋳鉄と同じく300メガパスカル以上の強度を求められているとのこと。ところが現状では、アルミは280～350、マグネシウムでは250～280であり、目標の強度には届いていないのだ。そこで脚光を浴びたのが、数十年も前からコツコツと積み上げた、材料強度を高める同社の技術である。

「当社が開発したセラミックとアルミの複合材で、ＭＭＣ（Metal Matrix Composites＝金属基複合材料）と呼んでいます。ステンレス繊維によって強化したアルミ、炭素繊維で強化したマグネシウムなども、共同実験先から高く評価されています」

重量や形状を変えずに剛性を高めたい。あるいは剛性を保ったまま軽量化したい。こうした要望に応える高度な技術であり、これまでは航空機分野でしか使用されていなかったという。

「こうした特殊な技術を保有しているのは、つねに新しい分野にチャレンジしようとする意気込みだけでなく、実際に研究開発への先行投資を惜しまず、トライ＆エラーを積み重ねてきたからです」

そもそも鋳物とは、高温で溶かした金属を型にはめて固めた製品を指す。しかし、大阪技研の研究開発に対する発想と行動力は、型にはまったものではないようだ。

11 白川建設株式会社

白川懸士社長（右）と著者

本社：
〒017-0005　秋田県大館市花岡町字大森山下67番地

TEL：0186-46-1535　**FAX：**0186-46-1537

URL：https://shiraken.jp/

創業：1923年（大正12年）4月

設立：1951年（昭和26年）6月

資本金：2,000万円

事業内容：
総合建設業。官公庁（国土交通省、防衛省他）・地方自治体（秋田県、大館市他）・民間の土木・建築工事の施工、砕石生産販売業、地盤調査・改良事業

代表取締役社長：白川　懸士

認証規格：ISO9001、ISO14001

郷土愛を軸に展開する「地図に残る仕事」と「歴史に残る活動」

土木・建築工事から砕石、産業廃棄物処理まで幅広く展開

1923年（大正12年）に創業した、100年近い歴史を有する白川建設。県や市の建設業者等級格付けにおけるA級業者であり、官公庁や地方自治体の発注する土木・建築工事の施工を中心に取り組んでいる。

2008年からは宅地向け地盤調査、新地盤改良工事（HySPEED工法）も実施。天然の砕石を使用する環境にやさしい工法であり、安全で安心な住宅の低価格による供給を実現している。近年では住まいの建築工事にも参入し、高品質・短工期を実践することで、土木工事と同じく県・市のA級格付けを取得。地域を代表する総合建設業者としての地位を固めつつある優良企業だ。

兼業事業として砕石業を営んでいることも特徴である。県北地区最古参業者として70年近い業歴を有し、公共事業や民間向けに生コンクリート用の砕石、鉄道事業用砕石、道路用の砕石などの製造・販売を実施。主要な取引先に国土交通省や防衛省、秋田県、大館市、JR東日本などが名を連ねることも、同社の信頼性の高さを物語っている。

産業廃棄物については、中間処理としてコンクリートの破片や塊を、収集運搬ではガレキや廃プラスチック、木くず、紙くずを取り扱っており、環境保全にもひと役買っている。なお、同社の所在地である秋田県大館市は日本が誇る環境先進都市であり、私が監修を務めた『創造・再生のまち　おおだて――大館市・民の連携が拓く未来航路』（大西正曹監修・森原英壽著、晃洋書房、2019年7月）に詳しく述べている。

ステークホルダーに対して物心両面の幸福を追求

同社のモットーは、「社会に必要とされる会社であれ」「より社会が必要としている仕事を担っていく」というもの。公共の建築物や交通機関を信頼性の高い工事で支える事業展開は、多くの企業においてお飾りになりがちな行動指針を見事に有言実行している。しかも前述の鉄道事業用の砕石は、同社が位置する大館市を中心とする北鹿地域に敷設された線路の石（バラスト）として採用されており、まさに地元の生活インフラを足元から支えているといえよう。

現在は前述のモットーに「選ばれる会社に」「働き続けたいと思う会社に」なども加え

白川建設施工の秋田自動車道摩当地区舗装工事（2016年8月竣工）

梨坂砕石プラント

ており、従業員ならびに同社に関わる方々といったステークホルダーに対して、物心両面の幸福追求に力を尽くしている。

その一例に挙げられるのが、毎年実施される社員表彰だ。新人賞、元気な挨拶一番賞、ＭＶＰなど全16部門があり、社員投票で選ばれた者には賞品が授与される。また同社は「大館市奨学金返還助成制度賛同企業」の登録企業であり、新規採用者には県と市の助成金に加えて企業からも助成金（合計金額は年間最大43・3万円）が支給される（平成28年度以降の学卒者で、奨学金を受け取っていた年月と同じ期間の助成）。

経営が困難な時期に、あえて事業承継を志願

「この地に住まう皆さんに、郷土への愛と誇りを持ってもらいたい」と語るのは、白川建設の代表取締役社長である白川懸士氏だ。大学卒業後、23歳で奈良県の建設会社に就職して東京本部に勤務するが、折からの不況により同社の負債総額は５９００億円に膨れ上がって経営が破綻。入社一年目にして、就職先の倒産という憂き目に遭遇する。会社更生法に基づく更生計画が遂行されるなか、懸士氏は同社に4年間勤務して立て直しに尽力し、再建への見通しを確認したうえで、自らも再出発を図る。

白川建設施工の秋田犬の里（2019年4月竣工）

新卒としての就職から倒産、新体制での勤務、そして退職へ…。この時27歳の懸士氏は、激動の日々の中で多くの教訓を得ることになる。「将来、自分が社長になった時には、会社は絶対につぶしてはいけない。社長には、社会的責任がある」と心に誓ったという。

入社から6年目となる2002年、白川建設は取引先とのトラブルに巻き込まれ、多くの社員が連日、その処理に忙殺される。そうしたなか、二代目社長である父親が、自分の手には負えないとばかりに、経営者としての義務と責任のすべてを懸士氏へ委ねてしまう。そこで懸士氏は、父親に対して正式な経営の引継ぎを提言し、弱冠32歳にして社長に就任。白川建設という会社のトップとしての覚悟をもって処理に当たるようになる。自らピンチに立ち向かおうという精神力と行動力は、勤め先の倒産という原体験の産物といえよう。

伝統食や特産品、地域通貨で地元の活性化を支援

次代を担う若き経営者としての使命をまっとうする一方、地域観光の視点から大館市を盛り上げたいと願う懸士氏は、2012年、有志とともに「本場大館きりたんぽまつり※」を企画。2015年からは大館食の祭典協議会会長（現在は同会直前会長）として陣頭指揮を執り、2015年の第43回大会では来場者が13万人を突破している。

「開催当初から数年間は、河川敷の空き地で実施していたんです。大館樹海ドームで行うようになったのは、私と同じように大館市の豊かな未来を願う元商工会議所会頭（故・三浦清久氏）の働きかけによるものでした。2012年のドームへの移転後、天候に左右されないことから大会運営は安定し、参加店舗数と集客数は相乗効果を発揮しながら急上昇。若手主体の実行委員会ががんばってくれたおかげでもあります」と白川氏は穏やかな口調で話しながら目を細める。

約1000人もの小中高生、500名ほどのPTAの方々がボランティアとして参加し

ていることも特筆すべきだろう。大館市の郷土文化だけでなく、それらを守ろうとする姿勢まで次の世代へと確実に引き継がれているのだ。

さらに2002年、農業の六次産業化への気運が高まるなか、懸士氏は青年会議所理事で担当委員長に着任。地元特産品である、比内地鶏の高付加価値化を目的に「株式会社あきた六次会」を立ち上げ、比内地鶏、比内地鶏ハムなどを仙台、東京、北東北に販路を広げている。また、地域商店街活性化の一環として、大館愛購運動（地域通貨、ワッパル）を推進し、地元商業の振興に努めているのだ。

笑顔へ続く、道と大地、歴史文化も創造

白川建設のキャッチフレーズは「笑顔へ続く、道と大地を創ります」というもの。白川社長は同社の活動を通じて、大館市に住まう人々の豊かな暮らしを支える道路や建築物を創造しており、一方で同市ならではの伝統や文化を継承する場所と機会をも創り続けている。懸士氏は建設業を「地図に残る仕事」と語っているが、同時に街の「歴史に残る活動」も展開しているといえるだろう。

※本場大館きりたんぽまつり……毎年10月、大館市のシンボル「大館樹海ドーム」で開催される大型イベント。「きりたんぽ」の店舗が10軒以上も一堂に会するほか、曲げわっぱや畳コースターの製作体験。屋外では秋田犬コーナーや秋田杉カヌー乗船、たんぽ1万本焼き、比内地鶏の千羽焼きも好評を博している。(『創造・再生のまち　おおだて――大館市・民の連携が拓く未来航路』より抜粋)

12 ミズノハードテック株式会社

水野理志社長（左）と著者

本社：
〒577-0067　大阪府東大阪市高井田西4丁目5番21号

TEL：06-6781-4258　**FAX**：06-6781-5231

創業：1977年（昭和52年）3月

資本金：1,000万円

事業内容：
塩浴窒化・無電解ニッケルメッキ加工、セラミックス複合メッキ加工、放電硬化などの金属表面処理業務

代表取締役：水野　理志

日本一の表面処理技術を誇る、貸工場の〝小さな巨人〟

金属表面処理技術のナンバーワンを自負

テレビやパソコンをはじめ、あらゆる製品のスリム化・コンパクト化が進むなか、部品加工の精度においては年々求められる水準が高まっている。そうしたプラスチック成型品は、金型による非切削加工によって製造されるものであり、金型自体に極めて高い耐久性が求められるのだ。そこで不可欠となるのが、金型を保護する表面処理の技術である。

「この仕事に関しては、自分がナンバーワンだと思っています」と話すのは、ミズノハードテック創業者の水野晃氏。同社では、塩浴窒化法によって金属の耐久性を5~10倍にも向上させているというから驚きだ。金型の製造コストに頭を悩ませる経営者たちにとっては、まさに救世主的な存在といえるだろう。

勤務先の倒産から、夫人や仲間に支えられての再出発！

「こんな、いろんな業種が集まってるとこ他にあれへん」

「わたしら、ここやさかい仕事ができたんですわ」

これは水野晃氏の口癖だ。同社が位置する東大阪市は、中小の製造加工業者が5000社以上集積している。同社はこの地のメリットを活かして、多くの関連企業と提携しながら得意分野に技術を特化することにより、巧みに経営を行っているのだ。貸工場からスタートし、今もなお工場を所有しない、昔ながらのスタイルを守っているのも特徴だ。

東大阪で創業された多くの企業は、初期投資が少なく固定費軽減のメリットがある貸工場で事業を行っている。最盛期には、市内に3000件ほどの貸工場が存在していた。現在、多くの貸工場は廃業しており、跡地は駐車場、建売住宅に変貌している。

1976年、勤務先の倒産という憂き目にあった晃氏。その時43歳であり、ビジネスマンとして脂ののった時期だっただけにショックも大きかったが、「あんた、がんばりな、何とかなるわ」と創業時からのパートナーである夫人のひと言で起業に踏み切る。蓄えも潤沢とはいえず、最初は心配でたまらなかったとか。しかし、会社員時代の取引先から「水野さん、あんたが独立するんやったら、機械も仕事もまわしたるわ、返済は出世払いや……」。会社ではなく、自分という個人を信頼し、応援してくれる仲間の存在に胸が熱くなったと話す。

現場に立つ水野社長

今後は何があっても、妻や仲間に心配をかけるわけにはいかない。そうした決意が、いざという時に身軽になれる貸工場利用という経営方針につながっている。

最先端情報を求めて大学の研究室へ通い、入学する

「開業から43年、今まで仕事上でのクレームはほとんどありません」というのが晃氏の自慢だ。しかし、ここに至る道のりは、やはり苦難の連続であった。

金型の表面処理において、品質で選ばれる企業になろう。そう心に決めた晃氏は、創意工夫を重ねるものの、他社との差別化を明確にできずにいた。自社開発に限界を感じた結果、ある研究室の門を叩いて教えを請うといった行動に出る。頻繁に研究室に出入りし、講師や研究生と知恵を絞るうちに「これぞ、ミズノハードテックの技術」と胸を張れる結果を得られたと話す。

大学を卒業した息子の理志氏は、二代目社長を視野に入れながらミズノハードテックに入社。晃氏が70歳になった頃、理志氏は同社の専務を任された。その頃は世の中の景気もよく、売上推移も順調で、父親の健康状態も良好。しばらくはこうした状況が続くものと楽観視していたという。ところがである。

「私が70代の半ばに差し掛かった時、あのリーマンショックに襲われたのです。我々の業界には、その影響が一年遅れて訪れたのですが、それまでに対策の妙手は浮かばずじまい。売上は3割減となり、大幅な人員削減を余儀なくされました」

会社をスリム化したにもかかわらず経営危機を脱する出口は見えず、晃氏は、もう自分の手には負えないと判断。3月末の決算時、理志氏に対して「4月1日から社長になれ」と告げ、半ば強引に承諾させたという。

新社長に就任し、あらためて自社の強みを見直した理志氏は、「細々とでもウチがやっていけているのは、確かな金属表面処理が評価されているからだ」と原点回帰したという。アカデミックな現場にヒントを求めた父親に負けず劣らず、積極的に最先端技術情報へアクセスし、独創的なアイデアを練り上げることで、同社の技術力を飛躍的に向上させたのだ。

技術を磨くには、まず人を磨くことから

このようにして進化を重ねた金属表面処理の技術は、一つひとつの仕事において、大手では真似できないほど形状・材質・熱処理方法などが異なることも特徴だ。面倒な作業で

はあるが、それでも「小口の客」を大切に考え、また取引先は一社に集中しないように配慮しながら、きめ細かな対応を心がけてきた。少量なものでも注文に応じてきた結果、今日では日本全国で300社にも及ぶ取引先を有している。クチコミによる評判を聞いた、いわゆる一見さんの持ち込み依頼も増加傾向にあるという。

独自の金型表面処理に関して、新入社員の技術レベルが同社の定める厳密な社内基準に到達するには、じつに10年近くに及ぶ経験が求められる。そのため「従業員は宝」という方針のもと、福利厚生・給与・労働時間等では大企業に負けない待遇を維持している。創業時からフレックスタイムを導入、各自の働きやすい時間帯に仕事を設定してきたのも、自社の宝を大切に磨こうとする思いの表れだ。

人材育成の長期戦略は確実に実を結び、同社の手仕事を求めて、日本のトップメーカーがわざわざ訪れる。取引先は時代の最先端分野を担う企業が多く、現在は自動車関係や付随する電機メーカー、4K、リチウム電池、次世代通信技術が大部分を占めるという。技術を磨くために、まず人を磨く。同社の企業姿勢からは、過去に苦い経験を持つ中小企業ならではの美学が伝わってくるようだ。

サプライチェーン再構築が課題の今、新たな存在感を示す

ミズノハードテックは、私が40年間かけて研究している東大阪の典型的な町工場である。そして、彼らが長年かけて磨いた技術は、同エリアに密集する中小（いや零細と呼ぶべきか）企業と同様、日本のモノづくりを底辺で支えている。

今回のコロナ騒動では、サプライチェーンの崩壊が多くの業界で見られた。壊滅的なダメージを受けた企業も決して少なくない。

国内のサプライチェーンへの回帰が謳われるなか、それぞれ特異な得意技を備える企業が集結する東大阪に再び熱い視線が注がれ、それらを巧みに組み合わせてナンバーワンの技術へと昇華させている同社は、規模の大小を問わず企業のあるべき姿を示しているといえるだろう。

日本の基盤技術は今、その多くが崩壊寸前である。今回のコロナ騒動により、新興国に頼るサプライチェーンの脆さを露呈したことで、ミズノハードテックのような企業がスポットライトを浴びることが後進の育成につながることを切に願う。

同社の取引先は全国各地に広がり、日本の精密機械工業を支えている。加工を終えた金型などの製品の配送には宅配便を利用し、24時間以内に届ける体制を整えるなど、取引先

の厳しい要求を極めて短時間で処理しているのだ。

東大阪の〝小さな巨人〟は、小さいからこそ小回りが利く体制と、突出した技術力によって、今後も独自の存在感を発揮し続けるだろう。

13 ポリユニオン工業株式会社

左から大工晋作社長、著者、大工貞晋会長

本社：
〒598-0013　大阪府泉佐野市中町3丁目4番15号

TEL：072-463-4767　FAX：072-462-0189

URL：http://www.polyunion.jp/

創業：1971年（昭和46年）6月5日

資本金：4,000万円

事業内容：
ピグ製造・販売、クリーニング工事、ピグシステム機器製作、ライニング工事

取締役会長：大工　貞晋

取締役社長：大工　晋作

パイプライン内部のクリーニングを一手にこなす

ＰＩＧ工法による流量回復洗浄工事

さまざまなパイプラインの内側に経年とともに蓄積され、流体の減速や詰まりを生じさせるなど、思わぬ障害の原因となる汚れや異物。これらをきれいさっぱり押し流すのがＰＩＧ（ピグ）工法による流量回復洗浄工事である。

原理は至ってシンプルだ。パイプの内径より大きめのＰＩＧを空気や水の圧力を利用して押し出し、その摩擦力で新管の溶接スケール、異物、旧管に堆積したスケール（付着物）を除去。さらには客先の要求に応じて、管内面エホキシライニング（樹脂塗装）を行うのである。最近では自動化技術とともに、食品業界での評価が高い。

ＰＩＧとは、配管クリーニング用の管内移動体のこと。主にゴムや発泡ポリウレタンでできており、ほとんどが弾丸のような円筒形である。その特徴は、配管の道中にどのような曲がり部分があっても支障なく移動できること。また、距離の長短も問題がないことだ。たとえ1キロメートルでも100キロメートルでも、それこそ弾丸のように突き進む

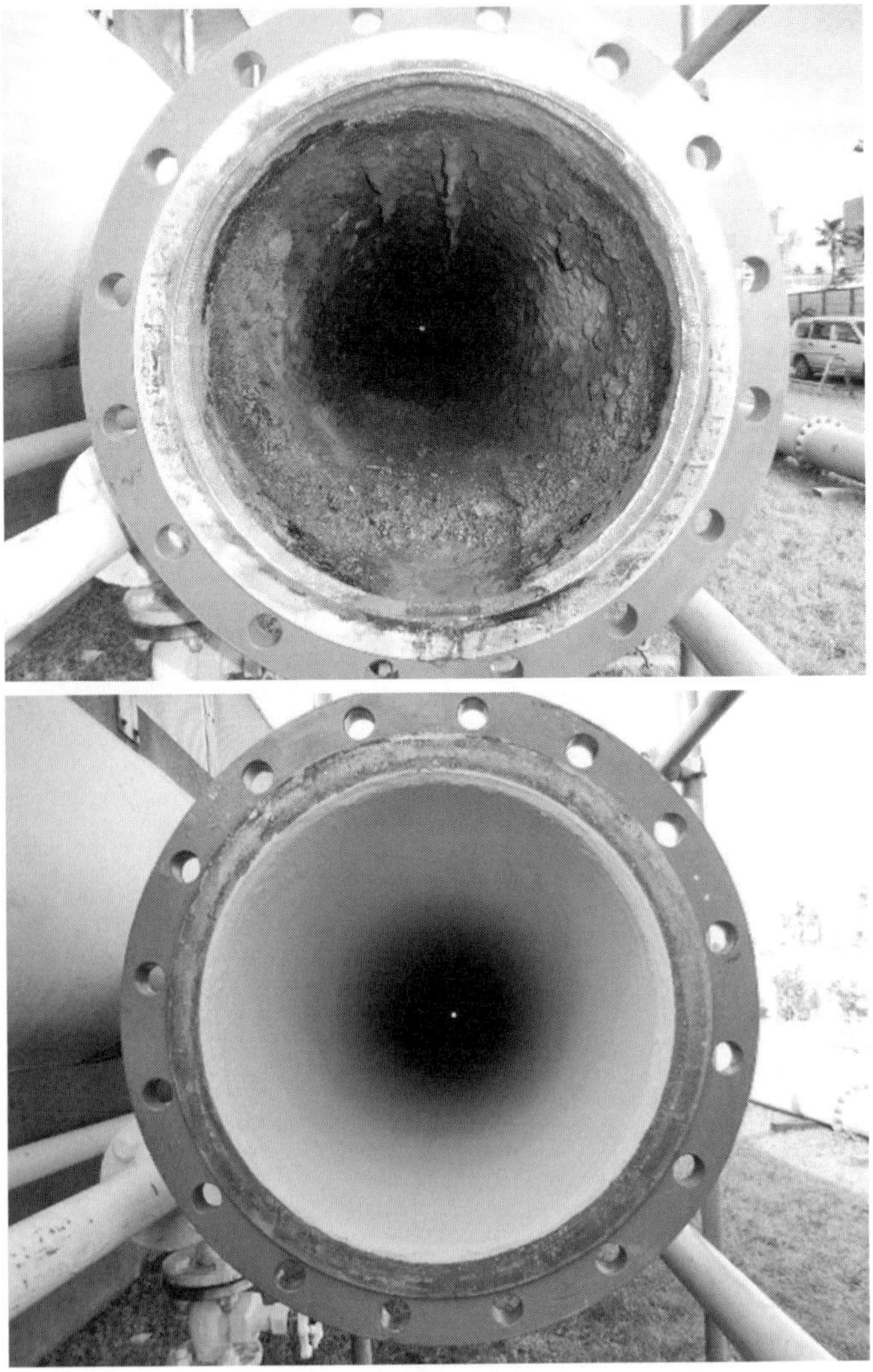

フレーク樹脂ライニングで新管によみがえる。耐久力は100年

のである。

「どんな曲がりでも、どんな太さでも、どんな長さでも問題なく内部のクリーニングやライニングが可能です」と話すのは、ポリユニオン工業の大工貞晋取締役会長。同社の手掛けるPIG工法の最大のメリットは、パイプラインの入口と出口を取り外すのみで簡単に施工できること。なかでも地中に埋設されたパイプの場合、従来は必要だった地面を掘り起こす工事作業の手間と時間、それらの費用を一切発生させないのだから、PIG工法が選ばれないわけがない。

「大手食品メーカーの原料となる流体の移送パイプから製造・加工工場の燃料油や潤滑油、上下水道まで多様なパイプラインに対応しています。水力発電所のパイプラインについては、東京電力と共同開発した技術の特許を取得。万が一にもミスがあってはならない場面で採用されているのは、当社PIG工法の信頼性が高く評価されているからこそと自負しています」

国内におけるPIG工法のパイオニアを自負する同社は、技術の先駆性を維持するため、つねにチャレンジングな姿勢を怠らない。同業他社が断念した課題にも粘り強く取り組み、損得勘定抜きで解決策を見いだすのだ。限界を一つ突破するごとに、技術水準を一

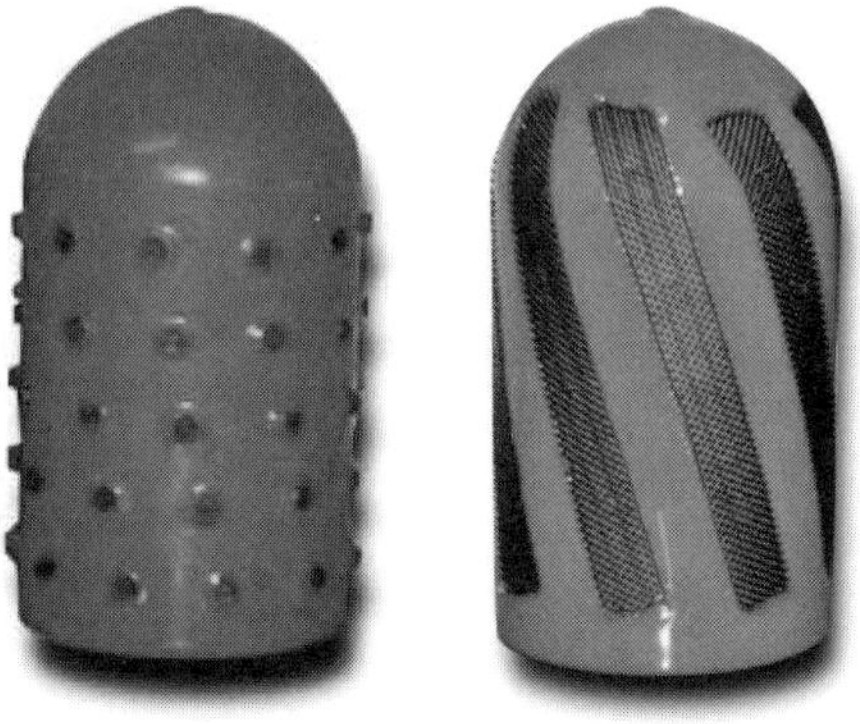

特殊ピグの一例

段高く積み上げられる。その繰り返しで、いつしかまわりが追いつけないほどの高みに到達している。「あんたのトコならできると思ってお願いに来た」との言葉は、モノづくり企業にとって最高の誉め言葉である。

現状に甘んじることなくノンフロン化を実現

ポリユニオン工業の創業者、大工貞晋取締役会長は大学卒業後、福井県の繊維会社に就職。1965年から実家のシャトル製造業を引き継ぐが、構造不況のあおりを受け、銀行や取引先へ多額の借金を抱えることに。当時86名いた従業員を一挙に16名まで削減し、1600坪の土地売却によってなんとか返済を果たす。

「当社にとってはたいへんな金額で、廃業・整理して賄うしかないと思っていました。ところが取引先の繊維会社から『部品でもいいから持ってきなさい。それで一時凌いでおくから』とのお言葉を頂戴したんです。この方は、私にとって一生の恩人です。命日には欠かさずお参りしています」と貞晋氏は目をしばたたかせる。

大胆なリストラや取引先の支援によって操業は続けたものの、社長に就任した日から約12年間は連日、関係機関に出向いて借金返済期間の延長や会社更生計画の説明に費やされた。しかし、貞晋氏は決して腐らず、再起への熱い思いを捨てることはなかったという。こうしたなか、知人の勧めで立ち寄った機械展で出合ったのがＰＩＧである。さっそく資料を取り寄せた貞晋氏は、まさに「機を見るに敏」を地で行く動きで研究検討を開始し、パイプクリーニング業界への進出を図ったのである。

当初は輸入品のＰＩＧを採用していたが、品質面に安定性を欠いており、工事が完了するまで目が離せない状態だった。そこで、それまでの自社主力製品だったシャトルで培った樹脂発泡とスチール埋め込み技術を利用し、新たなＰＩＧづくりにチャレンジ。これによって工事と製品が一体化し、高付加価値化したことから、しだいに高利益率と無借金経営を実現していったのである。

ＰＩＧ工法に関する技術の驚異的なアドバンテージにより、中長期にわたって安定成長が見込まれる中にあっても、貞晋氏はチャレンジングな姿勢を崩さなかった。ＰＩＧの製造に関して、その原料であるウレタンのノンフロン化を目指したのである。

「ＰＩＧには大きく分けて〝ウレタン部門〟と〝ゴム部門〟の2種類があります。ゴム部門に関しては食品用に開発したこともあり、環境や人にやさしい製品です。ただしウレタン部門については、発泡作用をフロンガスに頼っていたのです」

貞晋氏によると、ウレタンにも発泡ウレタンと軟質ウレタンがあるが、とくに発泡ウレタンに関しては、フロンガスで発泡させることで高い強度が得られるという。ＰＩＧ製造を手掛けて約半世紀、同社の大黒柱といっても過言ではない製品の製法を行政指導もないのに変更するのは、他社から見れば滑稽に映ったかもしれない。しかも、研究開発に取り組んだ当初は、ＰＩＧの強度が従来品の半分にも満たなかったという。しかし、ＳＤＧｓにも関連する脱フロンの流れを重視し、他社に先駆けてノンフロンによる発泡に挑み続け、ついにはノンフロンという条件下で、従来製品のスペックに引けを取らない製品開発に成功した。かつ、従来品に比べて温暖化係数は１／１０３０と低くなった。

これまで積み上げてきた付加価値にエコロジカルという要素をプラスした同社のＰＩＧ

は、きっとこれまでよりさらに速く時代の常識を突き破る弾丸となって、社員一同を輝ける未来へ誘うに違いない。

14 株式会社ユニックス

左から苗村昭夫会長、町田泰久社長、著者

本社：
〒578-0901　大阪府東大阪市加納4丁目14番31号

TEL：072-968-1166　**FAX**：072-966-3233

URL：http://www.unics-co.jp
http://www.unirethane.com

創立：1984年（昭和59年）8月（大阪ニューサンワで個人開業）

資本金：2,200万円

事業内容：
ポリウレタン（ユニレタン®、テフタン®）の高機能表面加工、ウレタン原料研究開発・製造・販売

代表取締役会長：苗村　昭夫

代表取締役社長：町田　泰久

認証規格：ISO14001, エコアクション21

機器内面塗装の歴史を塗り替え続ける、東大阪の発明家

安定した生活を捨てて、やりたいことをやる！

振動を利用してワークを一定方向に並べ、次の生産工程へ送り出すパーツフィーダ。こうしたファクトリーオートメーションシステムの内面塗装などに利用される、ポリウレタン原料の製造販売を行っているのが株式会社ユニックスだ。同社のホームページには、企業ロゴ横の目立つところに「表面処理で応える東大阪ブランドのコーティング会社です」と記されている。

同社の創業者であり、現在は代表取締役会長の苗村昭夫氏が、大手家電会社という安定した職場を捨てて独立・起業に踏み出したのは、幼い頃からの夢を叶えるためだった。それは、エジソンのような発明家になりたいというものだ。だからこそ、起業からしばらくの間は家電製品の製造や貿易などを手掛けるものの、「独立したからには、やりたいことをやる！」との思いから、本格的なモノづくりへと路線を変更。某大手ベアリング製造会社に勤務する兄の助言も手伝って「パーツフィーダ内面のポリウレタンコーティング業」

での再スタートを決意し、１９８４年に大阪・ニューサンワで創業する。

創業社長の発明が大ヒット製品に

技術者としての経験を活かして、パーツフィーダや注射器滅菌装置の開発など事業を拡大していくなかで、ポリウレタンそのものの素材や用途に注目した苗村氏。試行錯誤を繰り返した結果、滑りやすい特性を持つテフロンとの複合原料として「テフタン」の開発に至る。これがエレベーターの気密ゴムや粉粒体機器などに有効として、各業界から大きな反響を獲得し、同社の業績は右肩上がりに伸びていくことになる。もともと電気技術者であったが、新たな発想と開発の原点は電気も化学も同じと思い、ニーズと着眼の意識改革から挑戦が始まり、このあたりから発明家・苗村昭夫のアイデアが冴えわたっていく。

「社員が10名ほどになると、いよいよ私が好きな電機製品の設計・製造に取り組みました。A４大の写真などのカラー原稿を１m×２mの大きさに拡大する『コンピューター拡大描画機』、使用済み注射器の滅菌装置『セフティーポン』など高額商品を次々と開発。自動おにぎり機『おむすぶころりん』や飲料用容器の圧縮減容器『缶ペコポン』なども話題を集めました。なかでも、ピカイチのヒット製品は『セフティーポン』。テレビをはじ

パーツフィーダボウル

パラボラアンテナ（氷雪固着防止）

めとするメディアで取り上げられ、国内外から注文が押し寄せました」と苗村氏はえびす顔だ。

東大阪ブランドを足掛かりに苦境を脱出

たちまち売上は3億円を突破し、社員数も20名を超えるほどになった。しかし、医療という専門分野に何の戦略も立てず、セフティーポンだけを継続販売するのは、いささか無理があったようだ。折しもバブルが崩壊し、不良債権が多発するなど苦しい時期が続く。そこで昭夫氏が目をつけたのが、品質に定評のある東大阪ブランドだ。２００１年には東大阪市内に自社工場を取得。2年後には日本初の試みである「中小企業支援センター」として建設された「クリエーション・コア東大阪」に研究開発部門を転居し、研究開発型企業の体裁が整った。以降、「経営革新支援法」「ＩＳＯ１４００１」など中小企業の支援政策を受け、補助金を獲得するなど苦心惨憺の末、やっとの思いで回復軌道に乗せることができたという。

その後、同社のポリウレタンコーティングが産業界において大切な基盤技術であることをアピールし、経済産業省の戦略的基盤技術高度化支援（サポイン）事業にも採択され

ポリウレタン「ユニレタン®」塗料缶

る。また、産学共同で開発したポリウレタンコーティングの「ユニウレタンシリーズ」は、スプレー施工方式で、業界では一番の耐摩耗性を有する塗料を開発。これによりポリウレタンの耐摩擦性を強化しながら、それまで弱点とされてきた薬品や熱にも強く、形状や素材を問わず幅広い施工を可能としたのだ。

初心に戻り「地財」を活かす

「じつはバブル崩壊以降にも、経営危機は何度も経験しました。2008年のリーマンショックによる世界同時不況では売上が3分の1にまで落ち込んだのです。そのうえ、2010年には東大阪の自社工場が火災事故に遭遇、全焼してしまって……。生産手段や経営資産を失うなか、周囲の企業には本当に助けられました。コーティング設備の夜間使用を融通してくれた工場もあり、火災の翌日から稼働することで取引先の信頼に応えることができたのです。中小企業どうしの協力体制こそ東大阪の真骨頂であり、助けていただいた皆さんには今も足を向けて眠れません。それと同時に、いつも私の心の深いところで輝き続け、モノづくり最前線への復帰に向けて意欲を途切れさせずにいられたのは、やはり発明家への夢だったのです」

初心に戻った苗村会長は、すべての熱意と努力をポリウレタン・フッ素・ナイロンなどの表面処理加工業に集中。するとそれらの分野に関して、同業他社が備えていない技術やノウハウが浮き彫りになってきたという。それは創業以来、苗村氏がつねに磨き上げてきた身近なものであり、だからこそ当事者には見えなくなっていた自社の強みである。これこそ私の提唱する「地財の見直し」に成功した好例といえるだろう。

とくにポリウレタンコーティングについては、オンリーワン技術であるという確固たる自信が生まれ、さらなる技術の高度化と付加価値向上のための研究開発に尽力する。その結果、同社は信じられないほどの速さでV字回復を成し遂げたという。ぺんぺん草も生えないような焼け野原からよみがえる逞しい姿は、まさに不死鳥のごときであった。

現在の開発目標は、無公害・高品質な塗装材料

苗村氏は、自らが技術者として陣頭指揮を執ることで実現する経営手腕とオンリーワン製品の開発力による業績向上が評価され、2019年には日刊工業新聞社主催の優秀経営者顕彰を受賞。また、2020年には大阪府知事よりこれらの新商品開発による成果を認められ、新製品開発功績賞を受賞した。社外活動として、研究・イノベーション学会の運営委員を務め、国内の大学で臨時講師、中国の大学で特任教授を任命されるなど、後進の育成にも力を入れている。

「現在も発明家への夢が前進への原動力であることに違いはありませんが、より具体的なテーマを持つようになってきました。環境問題が深刻化するなか、その改善・解決に向けて、無公害・高品質・高機能な無溶剤型ポリウレタンを開発中です」と目を輝かせる。

すでに発明家として数々の功績を残す苗村氏が、この先どんな発明で塗装の常識を塗りかえてくれるのかが楽しみでならない。

〈コラム2〉

古くて新しい〝繕い〟の技術が日本の未来を明るく照らす

繕いとメンテナンス

日本は古くから「モノづくりの国」といわれてきた。いわゆるメイドインジャパンは、時計やテレビなどの精密製品に代表されるが、そのルーツをたどると、この国独自の〝繕い〟にいきつく。壊れたり破れたりしたところを整えたり直したりする〝繕い〟は、今あるものを活かすことが大きな特長である。

この〝繕い〟について、英語の辞書を紐解くとパッチワークのpatch（パッチ）やmend（メンド）と出てくるのだが、どうもしっくりこない。repair（リペア）やfix（フィックス）も近いようだが、違和感を覚えるのは私だけではないはずだ。〝繕い〟を海外へ紹介する場合は〝TSUKUROI〟と表記するしかないのかもしれない。

〝繕い〟の同意語が他国の語句に見当たらないのは、日本の農業文化から生まれたからではないかと考えている。水田は手入れを怠っていると、たちまち雑草だらけになってしまう。こまめに草を引き、肥やしを加え、耕し続けるなど、まさに土を繕い続けることで、見事な水田ができあがるからだ。

京都や奈良に代表される古社寺が美麗な姿を残しているのも、〝繕い〟文化の賜物である。およそ１００年で小修理、３００〜４００年ほどで大修理を繰り返してきたからこそ、世界からも注目を浴びる文化財となっているのだ。廃棄と生産を繰り返すスクラップ＆ビルドに比べて、補修などによって良いものを長く使い続ける〝ＴＳＵＫＵＲＯＩ（繕い）〟は、これもまた世界に名を轟かせている日本文化〝ＭＯＴＴＡＩＮＡＩ（モッタイナイ）〟にも匹敵する日本の宝だと考えている。

さて、私は今こそ〝繕い〟の視点から内なる国土保全、インフラメンテナンスを見直すことが必要と考えている。農林水産から製造・建設、情報通信に金融、運輸、小売、サービスといった多くの産業における事業推進から環境問題への対応まで、じつはすべてがインフラメンテナンスに関係するからだ。

日本における産業史の歴史を振り返ると、たとえば林業が衰退していったその結果、土砂が降りて川が氾濫したケースが多く見られる。結局、山を守ることが川を守り、川を守ることが海を守ることがわかる。つまり、樹木を適切に伐採することも、ある意味メンテナンスといえるのだ。森林を補修し、保全する林業と自然は、密接につながり循環しているのである。

そんなメンテナンスの重要性が顕著なのは、やはり製造業ではないだろうか。機械の保守・点検・改善を日常の業務で行うことで性能を維持し、寿命を延ばしながら、それらが生み出す製品の高品質を維持している。目に見えない電気信号を扱うインターネットや深海に敷設されている海底ケーブルなどの情報・通信においても、機材の点検・修理・改善については例外ではない。

事故を事前に防止するのはメンテナンスのおかげであり、最先端産業の情報インフラのトラブルは、先人が大切にしてきたメンテナンスを怠ったツケである。このように、すべての産業に対してメンテナンスの重要性が指摘できる。とはいえ、注目すべきは、規模の大きさや地域振興の観点から考えるとインフラメンテナンスだろう。

インフラメンテナンスに中小企業の力を活かせ

日本の国土は、明治から現在までインフラ整備に膨大な投資を行ってきた。南北にのびている列島の流通を足元から支える橋や道路は、その代表例といえる。建設直後から耐用年数のカウントダウンは開始され、着実に朽ちていくなかで、それらを直して保守管理することは大きな産業になる。丈夫で長持ちさせることこそ重要だからである。至極当然の原理であるが、新設に比べると派手さがないためかあまり語られることがなく、これまでなおざりにされてきた感が否めない。

だから、今こそメンテナンスを軸にしたあらゆる産業、企業を巻き込むシステムをつくればおもしろいのではないか。

この一見古く見える新しい試みが成功すれば、日本が世界のヘッドクオーターになれる。新幹線がジャパンスタンダードとなって台湾とアメリカに輸出されているように、メンテナンスにおいてもジャパンスタンダードをつくろうではないか。海外展開を視野に入れた研究センターを早急につくるべきだ。

インフラのメンテナンスを一大産業として見直すことは、中小企業の連携や底上げにもつながると期待している。工事や補修のあらゆる場面で、熟練工が持つノウハウが生きてくるだろう。前述している日本のお家芸、〝繕い〟の文化を活かせるはずだ。

ちなみに、薬師寺東塔が110年ぶりに解体修理された内容が、新聞で紹介されている

（2020年6月2日、読売新聞夕刊）。その内容はまさしく日本の誇るべき繕い工法だ。古材を再利用し、最新技術で耐震化を図っている。

現代の社会インフラの一つである橋梁ストックは、日本に70万橋あるといわれている。その内訳は高速道、国道が10％、都道府県道が15％、残りの75％は市町村道である（国土交通省資料より）。市町村に管理責任がある橋の多くは、1960年代から70年代の高度経済成長期に架けられて、老朽化が進んでいる。

しかし、管理に必要な金（予算）や人（担当する人材）といった環境、そして安全性への理解が大きく不足しているのが実情だ。その結果、日本の橋梁の多くはいつ何時崩壊しても不思議ではない状況におかれている。とはいえ、それらを壊して架け替えるのは財政面で難しいほか、交通渋滞が発生するなど問題点が多い。

そこで、見直されているのが丁寧な〝繕い〟を施し、橋梁を長寿命化することである。その事業に必要となるのは各橋梁に合わせた極めて多岐にわたる品種で少量のパーツを利用しての生産や作業だが、それらは小回りの利く中小企業にふさわしい。

今まで橋梁・道路などのメンテナンスは、大手ゼネコンか道路公団、電鉄会社に関連する企業群のみに仕事が発注され、一般の中小企業は単に部品の受注しかなかった。今後、

橋守支援センター静岡が実施した講演会での現場風景

橋守支援センター静岡にて

わが国は膨大な予算を費やして国土保全に邁進せねばならないが、その市場は中小企業活性化に活かすべきだと考える。

　現在、そうした動きが活発化しつつある。その一例が、2014年に東大阪市、大阪市、尼崎市の中小企業連合が関西大学、近畿大学、南海電鉄、大阪府などと連携して発足した「東大阪橋梁維持管理研究会」である。国と大阪府の助成を受け、橋梁を下面から補強できる『ボルト」と「橋梁用掃除機」を開発して国土交通省の認定商品に指定され、近い将来各地で採用される予定だ。

　さらに、人材不足解消に向けての動きもある。土木構造物メンテナンスの専門家である阿部允氏が主宰される橋守塾、坂野昌弘代表（関西大学）の「橋守支援センター」、長山智則理事長（東京大学）の「橋守支援センター静岡」は橋の維持管理、点検できる人材育成事業に取り組んでいる。しかも静岡では地元建設業・中村建設株式会社と連携して、7自治体において橋梁の調査、補修に携わっている。さらに現在、東大阪の中小企業連合と連携し、補強用部材の開発に取り組んでいる。

　このような試みが各地で行われており、地元を中心とする中小企業の参画件数も増加傾向にある。こうした動きが地域を活性化させることは明らかであり、地域単位で緩やかな連携を取ることで、地域行政と地元企業、その地に暮らす人々による三方良しの結果を得ることができるのではないだろうか。〝繕い〟をキーコンセプトとする胎動が、日本経済に活力を与える大きなうねりになることを切に願う。

おわりに

過去40年あまりにわたって幾多の中小企業を訪問取材してきた私は、本書の作成にあたり、「ここぞ」と目星をつけた企業に対して、約3年前から再訪をはじめた。取材行脚が終盤に差し掛かり、「まいど！」の声に「また来たん？　もうネタないで（笑）」といったやりとりもめずらしくなくなった頃、それまで予想だにしなかった衝撃に見舞われる。新型コロナウイルスの襲来である。各企業の売上減少という一過性の危機ではなく、回復に長期間を要する兆候さえ予見させられる。経済の流れが変わるどころか、経済そのものが息も絶え絶えの状態に陥ってしまったのだ。

企業のなかでも大きな痛手を被るのは、やはり中小企業である。オイルショックやリーマンショックなどとは違う、これまでに体験したことがないほどの窮地に立たされている。荒れ狂う大海に浮かぶ小舟のように翻弄され、存在そのものがかき消されてしまう危機感さえ否めない。

中小企業の存続については、これまで何度も警鐘を鳴らしてきたが、今回のコロナショックはウイルスの性質と同様に、未知の部分があまりにも多過ぎる。そこで、コロナ禍以降については、世界的な株価大暴落と金融・経済危機、世界経済の減速に伴う輸出の低迷、サプライチェーンの激変など、いわゆるコロナショックを踏まえた取材を実施。すでに訪問を終えていた企業についても、リモートなどでの再取材を実施した。

「先生、どないしたらええんやろ…」。そんな嘆き節への懸念を持って臨んだが、ところがどっこい、実際に私が目の当たりにしたのは、苦境にもへこたれず、たくましく生き抜いている姿であった。日本の中小企業は、今まさに消滅の危機に瀕しているのは事実かもしれない。しかし、その中にあって、たくましく生き残ろうとしている多くの経営者に会えて、少なからず胸を撫で下ろしている。

なぜ彼らは、こうした絶望的な状況に追い詰められても、これまでどおり毅然たる態度で臨み、さらには新しいことにも挑戦しようとするのか。新型コロナという予期せぬ敵役の出現を受けて、中小企業の味方として研究に半生を捧げてきた私の使命感は、これまで以上に高まっていった。

新しい生活様式ならぬ、新しい経営方式を模索している中小企業の経営者は、今こそ自らがよって立つ羅針盤を見直してほしい。そのために私は、あえて序章で事業スキームと行動指針を示し、コラム2ではメンテナンスの重要性まで説いている。これらの意味するところを、各企業のストーリーから読み取ってほしい。

本書に記した内容は、私自身が足を棒にして歩き回った経験値であると同時に、数えきれないほど多くの中小企業経営者から学ばせてもらった知見である。これらを私ひとりの胸の内にしまっておくのはもったいない。ぜひとも皆さんの経営に活かしてほしい。自社を見直すために、どんなコンパスを描くかを考えるにあたっての参考資料にしてもらえれば本望だ。

ここに紹介した企業にとっての正解が、すべての企業にとっての正解であるわけではない。皆さんがそれぞれ、自社にとっての正解を考えるヒントとして「この企業は、こんなことをしたのか」といったケーススタディとして捉えてほしい。御社が永遠に反映することを祈って、本書の締めくくりとしたい。

最後に、一人ひとりの名前は挙げないが、本書作成にあたり甚大な協力を賜った取材先の企業、関係機関の皆様に対して厚くお礼を申し上げる。

私が調査研究者として独り立ちできたのは、今は亡き6名の方、井森陸平教授、筆谷稔教授、増田光吉教授、野崎治男教授と、調査研究に適切な助言を賜った東大阪商工会議所専務理事（当時）湖中斉氏、東大阪市高井田地域連合自治会役員（当時）名村利夫氏のおかげである。なかでも井森陸平教授は恩師であることを公言して憚らない人物で、私の胸中では親しみを込めて「リクヘイ先生」と呼ばせていただいていた。「物事を考えるヒントは現場にある」をモットーとしていた井森教授からフィールドワークの重要性を説かれ、実際に同行取材させていただくことで、研究室に腰かけていては気づかない問題点や、文献からは読み取れない解決方法を見いだすことができた。私が足を棒にして企業訪問を重ねたのは、その教えを忠実に守ったに過ぎない。尊敬の念を込めて、いま一度「リクヘイ先生」の名を呼び、感謝の言葉を申し上げたい。

また、本書の作成にあたり、奮闘してくれたのがコトブキ・プランニング代表の森原英壽氏である。さらに、多くの大西ゼミ生と取材してきた成果の一環である。お礼申し上げたい。

そして最後に、出版の機会を与えていただいた（株）同友館社長 脇坂康弘氏、編集部鈴木良二氏はいつも著者の仕事を気にかけてくださり、励ましの言葉をいただいてきた。改めて同友館と鈴木氏のご厚情とご配慮に衷心よりお礼申し上げる。

齢七十八にして本書を刊行できるのは、40年以上にわたりわがままな研究生活を支えてくれた最愛の妻美代子、子どもたちのおかげであり、心より感謝を申し上げる。ありがとう。

大西　正曹

参考資料

OECD-Education-2030-Position-Paper_Japanese

大西正曹　2017、「中小企業の存立基盤を問う」―「地財」を活かした経営課題の解決方法」『ひょうご経済』第136号、pp.2〜5

大西正曹　2019、『中小企業再生の道　精選版』晃洋書房

大西正曹　2011、「中小企業の発展に求められるコト」『関西大学社会学部紀要』第42巻第3号、pp.55〜81

藤井　淳　2016、「特集　顧客共創戦略におけるセンスウエアの役割と課題」『開発工学』36巻1号、pp.9〜12

大西正曹　2005、『よみがえる地財産業』同友館

大西正曹　2019、「地場産業再生戦略としての産地間システム形成」『社会・経済システム学会　第38回大会予稿集』、pp.77〜80

田中　央　2003、『商品企画のシナリオ発想術―モノ・コトづくりをデザインする』岩波アクティブ新書

村田智明　2015、『問題解決に効く「行為のデザイン」思考法』ＣＣＣメディアハウス

日高一義　2015、“A Study on United Kingdom Trend of Servitization in Manufacturing”、Volume2 Issue3 Pages 18―21 Society for Serviceology

※掲載各社の事例は、取材時にいただいた社史ならびにパンフレットなども参照した。

著者

大西　正曹（おおにし　まさとも）

1942年兵庫県生まれ。1965年甲南大学経営学部卒。1967年同大学院人文科学研究科修士課程修了、大阪産業大学助手、佛教大学助教授、関西大学助教授、教授などを経て、現在同名誉教授。

長き調査研究の最初、約15年間は但馬、丹波地域の「酒造出稼ぎ者」の実態調査、「酒造業の近代化」「郡是製糸の調査」であった。その後の約40年間は東大阪市を中心に各地の中小企業を訪問、経営者から「まいど教授」と呼ばれる。NHK21世紀ビジネス塾講師も務める。その他、新聞、雑誌、テレビにて中小企業振興策を提言。現場の実情を踏まえた数多くの講演もこなす。中小企業総合研究機構中小製造業の集積構造に関する調査研究委員、関東広域経済圏産業活性化センター産業振興審議委員、高槻市産業振興ビジョン作成委員会委員長、大館市エコタウン運営委員会名誉顧問、一般社団法人大阪モノづくり観光推進協会理事、東大阪市技術交流プラザ委員長、大阪シティ信用金庫顧問、関西大学バイオファイナリープロジェクトメンバー、JICA 中小企業育成支援講師、東大阪市産業技術支援センター運営委員会委員長、NPO 法人橋守支援センター関西支部名誉顧問、東大阪橋梁維持管理研究会事務局長、共同通信社政経懇話会講師、ＪＲ城陽市駅周辺商業再構築検討会議アドバイザー、朝日21関西スクエア企画運営委員、モビオ運営委員、関西メガリージョン活性化構想検討委員等、各種中小企業振興委員を歴任。

主な著書：『経営理念の社会学的研究』晃洋書房（1976年)、『よみがえる地財産業』同友館（2005年)、『時代の車窓から見た中小企業』晃洋書房（2012年)、『中小企業再生の道―東大阪30年歩いて見たもの』関西大学出版部（2013年)、『精選版―中小企業再生の道』晃洋書房（2019年）『創造・再生のまち　おおだて　―大館市・民の連携が拓く未来航路―』晃洋書房（2019年）

2021年2月5日　第1刷発行

VUCA時代に挑む中小企業
――まいど教授が注目する16社の事例と提言

©著　者　大西　正曹
発行者　脇坂　康弘

〒113-0033 東京都文京区本郷3-38-1
発行所　株式会社 同友館
TEL. 03 (3813) 3966
FAX. 03 (3818) 2774
URL https://www.doyukan.co.jp

落丁・乱丁本はお取替えいたします。　萩原印刷／松村製本所
ISBN 978-4-496-05524-9　Printed in Japan